LES FONDEMENTS THÉORIQUES ET MÉTHODOLOGIQUES DE LA PSYCHOLOGIE

MANUELS ET TRAITÉS DE PSYCHOLOGIE ET DE SCIENCES HUMAINES

JEAN PAULUS
Professeur à l'Université de Liège

LES FONDEMENTS THÉORIQUES ET MÉTHODOLOGIQUES DE LA PSYCHOLOGIE

CHARLES DESSART, ÉDITEUR
2, GALERIE DES PRINCES
BRUXELLES

© Charles Dessart, Bruxelles, 1965

CHAPITRE I

LA PLACE DE LA PSYCHOLOGIE DANS L'ENSEMBLE DU SAVOIR

A côté du savoir occasionnel et empirique qui lui est commun avec l'animal, et qui constitue le guide indispensable de l'action, il existe chez l'homme un savoir spéculatif, systématisé et rationnellement justifié, qui se codifie en Philosophie et Sciences. Le savoir scientifique, à son tour, se distribue en cinq disciplines ou groupes de disciplines fondamentales, qui diffèrent entre elles aussi bien par les objets qu'elles étudient que par les méthodes dont elles usent.

Du point de vue de l'objet, on peut, en s'inspirant d'Auguste Comte, classer ces disciplines « par ordre de complexité croissante et de généralité décroissante ». On obtient alors une liste qui va des Mathématiques à la Sociologie en passant par la Physique, la Biologie et la Psychologie.

Cette hiérarchie des sciences de base se calque très étroitement sur celle des composantes ou aspects les plus fondamentaux du réel observable. Les Mathématiques ne retiennent de celui-ci que la propriété tout à fait générale de grandeur, soit continue, soit discrète. La Physique, entendue au sens large et incluant comme des chapitres particuliers la mécanique et la chimie, étudie la matière, sa structure, ses transformations, enfin les actions variées dont elle est le siège. La Biologie se voue à l'examen des êtres vivants, végétaux et animaux, sous le double aspect de la structure et de la fonction (morphologie — physiologie). La Psychologie se cantonne dans la considération d'un secteur restreint des organismes vivants, les animaux, et dans l'analyse d'une classe particulière de leurs fonctions : celles qui les caractérisent comme animaux et les différencient des plantes. Enfin, la Sociologie porte son intérêt sur les groupements et associations constitués par les diverses classes de vivants, associations qui prennent un développement et une complexité remarquables au niveau humain.

On peut certes raisonner en *moniste* et soutenir que cette diversité d'aspects du réel n'est qu'une apparence provisoire, qui cédera tôt ou tard à l'analyse scientifique, les disciplines citées venant alors s'unifier par la base dans une sorte de Physique ou Mathématique fondamentale. C'est à peu près ce que suggérait Piéron au début de sa carrière. « La psychologie, écrivait-il, occupe une place distincte dans la biologie, non pas tant par son objet que par son langage, et il en est de même de la physiologie par rapport à la chimie, et de la chimie par rapport à la physique, car la diversité des sciences de la nature vient de la science, plutôt que de la nature ». On peut au contraire, — et ce sera là notre position, — opter pour le *pluralisme* et trouver à cette diversité des disciplines scientifiques un solide fondement du côté du réel. Comme l'explique Needham, « nous sommes bien forcés de considérer l'univers comme une série de niveaux de complexité, commençant par le niveau subatomique, passant par l'atome, la molécule, la particule colloïdale, le noyau vivant et la cellule, et aboutissant à l'organe et à l'organisme, aux entités physiologiques et psychologiques ».

On pourrait exprimer la même idée dans le langage si expressif et si rigoureux de Meyerson. La tendance essentielle de l'esprit humain, lorsqu'il fait œuvre de science, est de réduire le complexe au simple, grâce aux mécanismes de déduction et d'identification. Mais il se heurte, chemin faisant, à une série d'*irrationnels* qui fondent à chaque coup les droits d'une discipline nouvelle et qui empêchent par exemple d'absorber purement et simplement la physique dans la mathématique, la biologie dans la physico-chimie, ou encore la psychologie dans la biologie.

Nous noterons toutefois que si aucune de ces sciences ne se laisse réduire sans plus à sa devancière, elle n'en entretient pas moins avec celle-ci des rapports de filiation non douteux. De même que les aspects fondamentaux du réel se commandent les uns les autres et s'ordonnent en hiérarchie, chacune des disciplines premières s'enracine dans celle qui la précède et y trouve, en même temps que sa base de départ, quelques-uns de ses principes explicatifs les plus généraux. C'est en ce sens bien déterminé — nullement *réducteur* — que la biologie peut être dite une discipline physico-chimique et la psychologie elle-même une discipline biologique.

Du point de vue de la méthode, on distingue traditionnellement des sciences rationnelles ou déductives, et des sciences expérimentales ou inductives. La déduction est le procédé dont use l'esprit humain lorsqu'il passe du simple au complexe par des démarches exclusivement mentales. Elle triomphe en mathématiques et dans les parties de la physique les plus voisines des mathématiques. L'induction, méthode exactement inverse, s'impose aux sciences de la nature, à mesure que leurs objets gagnent en complexité. Partant des données multiples et variées offertes par l'expérience concrète, elle remonte par voie de tâtonnements et d'hypothèses vers le plus petit nombre possible de notions et propositions simples susceptibles d'expliquer ces données. Ces propositions s'organisent en *théorie*.

Une fois l'hypothèse vérifiée et la théorie fermement établie, rien n'interdit de redescendre déductivement aux données empiriques qui ont été l'occasion de leur formulation. On devine par-là que l'induction n'a en sciences qu'un rôle provisoire, la déduction demeurant dans tous les cas, comme l'a admirablement montré Meyerson, l'idéal vers lequel tend l'esprit humain.

On devine, également, que l'opposition entre sciences rationnelles et sciences expérimentales n'a qu'un sens relatif. Avant l'induction, prend place la description et au-delà de la déduction, l'axiomatisation et ces quatre stades s'imposent en principe à toutes les sciences du réel, quoique, dans leur état d'avancement actuel, ils y prennent une importance très inégale. « Il y a comme une loi du développement des sciences qui les fait passer, dans un ordre irréversible et chacune à son tour, suivant le rang qu'elle occupe dans la hiérarchie, par quatre étapes successives : descriptive, inductive, déductive, axiomatique... A l'analyse inductive qui, des faits, remonte aux lois, succède l'analyse axiomatique qui, poursuivant l'œuvre de systématisation déductive remonte des lois aux axiomes » [1].

La coupure entre le rationnel et l'expérimental ne se situe donc pas entre deux groupes de sciences, mais, en principe, à l'intérieur de toute science. « Il n'y a pas des sciences abstraites et des sciences concrètes, des sciences rationnelles et des sciences empiriques. Il y a, premièrement entre les sciences des degrés divers d'abstraction et de rationalité qui permettent de les ordonner en série. Il y a, ensuite, pour chacune d'elles, possibilité d'une double lecture : abstraite, rationnelle et formelle, ou concrète, empirique et matérielle » [2].

Il reste que les diverses disciplines de base sont, relativement à cet idéal, dans un état d'avancement très inégal. Légitimes, à l'heure actuelle, en mathématiques et en physique, les traitements déductif et axiomatique sont, au contraire, totalement prématurés dans les sciences de la vie et du psychisme, et les essais qu'on a tentés à cet égard [3] ne constituent guère plus que des jeux, quand,

---

[1] R. Blanché, *L'axiomatique*, P.U.F., 1959, pp. 76 et 79.
[2] *Ibid.*, pp. 93-94.
[3] Citons : J. H. Woodger, *The axiomatic method in Biology*, Cambridge, 1937; C. Hull, *A mathematico-deductive theory of rote learning*, Yale U.P., New Haven, 1940; L. Bloomfield, *A set of postulates for the science of language*, Language, 2, 1926, pp. 153-164; B. Bloch, *A set of postulate for phonemic analysis*, Language, 24, 1948, pp. 3-46.

transposés dans l'action pédagogique, économique, politique, etc., ils n'aboutissent pas à l'absurdité ou à la catastrophe. Aussi bien, comme le note Copi [1] « la méthode axiomatique est avant tout une méthode visant à mettre de l'*ordre* dans un champ du savoir déjà largement exploré. L'axiomatisation de la géométrie par Euclide n'a été possible que sur la base d'un corps hautement développé de connaissances et de théorie géométriques, dont les origines remontent, à travers deux ou trois siècles de géométrie, certainement à Pythagore et peut-être même à Thalès. Là où il n'existe qu'un trop maigre ensemble de données à mettre en ordre, la puissante, mais compliquée, machinerie de la méthode axiomatico-déductive ne peut être employée avec profit, et la méthode scientifique moins formelle et plus habituelle qui procède par hypothèses et confirmation se révèle autrement utile. Des exemples de telles axiomatisations prématurées sont ceux de Hull et de Woodger... On n'a rien fait de positif en portant simplement tous les résultats connus au nombre des axiomes (ou, comme on le fait quelquefois à tort, des définitions), avec peu ou pas de théorèmes présentés comme en découlant. Le résultat final demeure un catalogue, dont les items portent des étiquettes erronées induisant en erreur... » C'est dire que, vu l'extraordinaire complexité de son objet d'étude, la psychologie reste, pour pas mal d'années encore, au stade de l'exploration, de la description et de l'induction.

---

[1] I. M. COPI, *Artificial languages*, dans P. HENLE (éd.), *Language, thought and culture*, Un. of. Michigan press, 1958, p. 115.

CHAPITRE II

LE COMPORTEMENT OU VIE DE RELATION

La psychologie, avons-nous dit, trouve sa place dans l'ensemble des sciences biologiques *entendues au sens large*, et le psychisme, apanage de l'animal, s'enracine dans la vie, commune aux animaux et aux végétaux. Ceci nous conduit à quelques considérations très générales concernant la nature de la vie, et les aspects différents qu'elle revêt dans les deux grands règnes qui peuplent la Terre.

1. — Caractères généraux de la vie

Il est difficile de déterminer exactement où commence la vie et où finit la matière inerte. Au point de vue chimique, la vie repose sur la molécule protéique, composé géant de carbone, d'oxygène, d'hydrogène et d'azote, groupés en acides aminés et polypeptides, aux propriétés physiques et chimiques fort complexes.

La transition entre la matière et la vie est sans doute assurée par les virus, les uns monomoléculaires et constitués de nucléoprotéines pures (c'est-à-dire de la combinaison d'une protéine avec un acide nucléique), les autres multimoléculaires et s'adjoignant des particules de lipides et de glucides, autres substances (celles-ci ternaires : C, O, H) caractéristiques de la composition des vivants. Les virus se multiplient en milieu approprié par auto-catalyse.

Avec les bactéries, nous arrivons à un ordre de dimensions, à une complexité de structure, enfin à une différenciation de fonctions bien plus considérables. Les catalyseurs qui contrôlent tant la constitution que la reproduction du vivant total, quoiqu'ils soient dispersés sous forme de *chromatine* dans toute l'étendue de sa masse, n'en constituent cependant plus qu'une fraction. D'autre part, on voit s'ébaucher ici la dualité des processus fixateurs et libérateurs d'énergie, assimilation et désassimilation, réductions et oxydations.

La cellule termine cette évolution dans l'ordre du microscopique. Sa grande nouveauté, par rapport à la bactérie, est de concentrer dans un noyau central, distinct du protoplasme ambiant, ces nucléoprotéines qui jouent, depuis les origines de la vie et tout le long de son développement, le rôle de catalyseurs de base. Ces gènes, comme on les appelle, s'organisent en chapelets *chromosomiques*, dont la composition et le nombre, caractéristiques de l'espèce, assurent la fixité de cette dernière, tandis que des différenciations mineures à l'intérieur des gènes fondent la diversité relative des individus.

En même temps qu'elle clôt une évolution, la cellule en inaugure une autre. Elle peut à elle seule constituer un vivant autonome, protophyte ou protozoaire. Elle peut aussi proliférer en colonies, et entrer à titre de constituant fondamental dans les deux grandes catégories de vivants *macroscopiques* qui couvrent l'écorce terrestre : végétaux et animaux, métaphytes et métazoaires.

Sur cette dualité, nous reviendrons dans un instant, après que nous aurons rappelé avec un peu plus de détails certaines au moins des propriétés distinctives de la cellule. Du point de vue de sa structure, celle-ci est donc caractérisée par l'opposition du protoplasme et du noyau [1]. Du point de vue de la fonction, elle présente à l'état d'ébauches toutes les sortes d'activités qui connaîtront un développement et une efflorescence variables dans les lignées soit végétale, soit animale, jusques et y compris le psychisme et l'intelligence — si du moins on entend ces derniers termes au sens behavioriste de capacités de se comporter et d'apprendre.

Ces fonctions se résument dans la notion de *métabolisme*, ou ensemble des transformations chimiques dont la matière vivante est le siège. Mais il existe deux métabolismes, de sens exactement inverse, l'un, constructeur, appelé *anabolisme*, l'autre, destructeur, qui prend le nom de *catabolisme*. Dans le premier, les matériaux pris au milieu en guise d'*aliments plastiques* sont — éventuellement (chez les animaux) après digestion et dissociation convenable en *aliments cellulaires* : oses dans le cas des glucides plus ou moins polymérisés, glycérol et acides gras pour les lipides, acides aminés pour les protides — réorganisés en molécules complexes, caracté-

---

[1] Nous n'insisterons pas ici sur la structure submicroscopique de ces éléments. On sait qu'elle n'est pas homogène, mais hétérogène et résultant de la juxtaposition de milieux différents (« organisation »), sièges d'actions chimiques variées. Cette juxtaposition est activement maintenue par la cellule et résulte du processus vital. L'armature de base est constituée par une trame de molécules protéiques reliées lâchement les unes aux autres en forme de réseau. Ce réseau baigne dans une solution d'eau enrichie d'ions. Dans cette armature de base sont dispersés des éléments figurés divers. Dans le noyau : les *chromosomes*, chapelets de gènes, nucléoprotéines à base d'acide désoxyribonucléique (constituant fondamental de la vie, doué de la propriété de se synthétiser lui-même et de synthétiser les protéines, soit directement, soit par l'intermédiaire de l'acide ribonucléique) et les *nucléoles*, nucléoprotéines à base d'acide ribonucléique, dérivés des chromosomes lors de la mitose. Dans le cytoplasme : 1° Les *mitochondries*, particules cylindriques limitées par une double membrane protidique entre lesquelles s'insère une double couche de lipides complexes. Elles sont le siège de la respiration. 2° Les *microsomes* riches en acide ribonucléique et sièges de la synthèse protéique. 3° Des gouttelettes lipidiques ou aqueuses, les *vacuoles*, soit isolées, soit groupées en zone de *Golgi*. Enfin, il faut insister sur la différenciation particulière que revêt l'élément constituant de la cellule à l'endroit qui marque la rencontre de celle-ci avec le monde extérieur. Une membrane physiologique, de composition vraisemblablement lipidoprotéique, borne la cellule et assure une perméabilité *sélective* entre elle et le milieu environnant. Cette perméabilité variable est en relation intime avec une autre propriété essentielle de la cellule, et qui joue un rôle capital dans les phénomènes d'irritation et d'irritabilité : celle de sa polarisation électrique, négative à l'intérieur, positive à l'extérieur. Perméabilité sélective et polarisation résultent de l'activité vitale et disparaissent en même temps qu'elle. La mort entraîne une perméabilité totale, et une annulation de la polarisation. Quant à l'excitation, elle consiste en une dépolarisation temporaire, ou plutôt en une inversion de la polarisation, par passage des ions Na et K en des sens opposés à travers la membrane. Cette inversion est aussitôt compensée par la cellule.

ristiques et constitutives du vivant considéré. Ce processus, de caractère endothermique, absorbe et fixe de l'énergie.

Dans le catabolisme, au contraire, lesdits aliments cellulaires, issus de la substance du vivant lui-même ou d'apports extérieurs, servent à des fins non plus *plastiques* mais *énergétiques*, c'est-à-dire qu'au cours d'une cascade d'oxydations et de déshydrogénations où interviennent des ferments variés et où — sauf le cas de la fermentation et de l'anaérobiose — la respiration joue un rôle essentiel, ils sont dissociés en molécules élémentaires : anhydride carbonique, eau, éventuellement urée, désormais inutilisables et voués à l'expulsion. Il s'agit ici de réactions exothermiques qui libèrent de l'énergie, utilisée par le vivant (plus spécialement par l'animal) soit pour couvrir les dépenses de l'anabolisme, soit encore pour d'autres fins dont il va être parlé à l'instant.

Dans le cadre de l'anabolisme se rangent la nutrition, la croissance et la reproduction, c'est-à-dire les fonctions fondamentales qui permettent à la vie de se perpétuer et de se propager. Le catabolisme, à son tour, rend possibles la motilité, la contractilité et, plus généralement, l'*irritabilité*, « propriété par laquelle la cellule, soumise à des *excitants* mécaniques (gravitation, courant liquide, contact, secousses, pression, traction, son), physiques (lumière, chaleur, électricité, pression osmotique, concentration d'une solution), chimiques (oxygène, acide, base), peut *réagir*, soit en mettant en liberté de l'énergie sous forme de mouvement, de chaleur, de lumière, soit en manifestant des particularités morphologiques ou physiologiques spéciales » [1].

Le processus ainsi défini suppose, comme on le voit, l'intervention et l'interrelation de deux termes : *excitant* (ou *stimulus*) d'une part, *organisme réagissant*, de l'autre. Il comprend trois phases étroitement enchaînées : *excitation* locale (consistant en une dépolarisation de la membrane), *diffusion* et *conduction* dans l'ensemble de la cellule, enfin *réaction*, éventuellement de caractère *moteur*. Le tout se résume dans la formule :

[1] A. LAMEERE, *Précis de zoologie*, I, 2ᵉ éd., Liège, 1932, p. 14.

$$S \to O \to R$$
(Stimulus → Organisme → Réaction)

Deux des caractères de la réaction méritent une attention spéciale :

1° L'un des principes les plus généraux qui régissent les mouvements dans le cadre du monde physique, est celui de l'égalité de l'action et de la réaction. Une balle élastique tombant sur une plaque de pierre tend à rebondir jusqu'à la hauteur d'où elle est tombée. Ce principe ne peut servir à expliquer les interrelations du stimulus et de la réponse. « La quantité d'énergie libérée dans l'organe excité est hors de proportion avec l'énergie mise en œuvre dans l'excitant. Un léger pincement d'un nerf moteur pourra éveiller une contraction musculaire puissante. L'excitant libère une forte quantité d'énergie qui était primitivement dissimulée »[1]. Dissimulée et concentrée dans la cellule sous forme d'énergie potentielle, comme un résultat du travail anabolique antérieur, elle n'attendait pour se libérer que l'action purement *déclenchante* de l'excitant. Si l'on veut chercher à ce phénomène des analogies du côté de la matière nonvivante, on les trouvera dans le cas d'un explosif, « réagissant » par une forte déflagration à l'agent mécanique, physique ou thermique qui exerce sur lui une action des plus modestes. Ou encore dans celui d'un ressort intensément comprimé, qui se détend violemment par suite de l'influence extérieure très menue qui le libère.

2° Indépendante du *stimulus* au point de vue de l'ampleur qu'elle revêt et de la quantité d'énergie qu'elle met en œuvre, la réaction n'en dépend pas davantage en ce qui concerne le mode sous lequel elle se manifeste, lié pareillement, non à un type particulier de stimulus, mais au contraire à la structure de la cellule réagissante. « Une amibe se roule en boule, le protoplasme de la cellule de *Tradescantia* se dispose en chapelet de sphérules, la Sensitive abaisse ses folioles, les Noctiluques deviennent phosphorescentes, les cellules glandulaires sécrètent, les chromatophores des

[1] H. Frédéricq, *Physiologie Générale*, 3e éd., Paris, 1943, p. 7.

animaux marins se rétractent ou s'épanouissent, les muscles se contractent, les centres nerveux donnent naissance à des sensations spécifiques de lumière, de son, de goût, etc. que nous les excitions par des chocs mécaniques, par un agent chimique (H_2SO_4), ou par le courant électrique. Une sensation lumineuse sera éveillée par un excitant mécanique, chimique, électrique ou lumineux agissant sur la rétine »[1]. De même, pour poursuivre nos analogies de tout à l'heure, la poudre et le ressort ne peuvent-ils « réagir » que par l'explosion et la détente aux influences extérieures variées qui s'exercent sur eux à la façon d'excitants.

On vient de voir que la *réaction* qui termine le processus d'irritabilité, peut revêtir des modes extrêmement variés. Les plus caractéristiques consistent, cependant, en *mouvements* ou *déformations* de la cellule avec déplacements correspondants de ses constituants internes : phénomènes de *rétraction* ou de *contraction* qui se systématiseront dans les cellules musculaires; *mouvements amiboïdes* des protozoaires ou des globules blancs, aboutissant soit à la translation, soit à la phagocytose; battements de flagelles ou de cils vibratiles, actionnant soit la cellule elle-même, soit les particules liquides ou solides adjacentes. Mouvements amiboïdes, aussi bien que cils et flagelles, permettent à la cellule de s'orienter et de se déplacer dans l'espace, conditionnant ainsi ce que l'on nomme *tropismes* et *tactismes*.

Observons enfin qu'à côté de la *motilité provoquée*, liée à l'irritabilité, il existe une *motilité spontanée*, produite par le chimisme interne de la cellule, en l'absence de toute action reçue du milieu, et illustrée, par conséquent, par la formule :

$$O \to R$$

On la voit intervenir, soit dans maints mouvements intérieurs, à la cellule (par exemple, ceux de la mitose), soit dans certaines des manifestations plus haut énumérées : formation de pseudopodes dans les mouvements amiboïdes, mouvements rythmiques des cils et flagelles. Nous savons d'ailleurs que, même lorsqu'un stimulus

---

[1] H. Frédéricq, *Ibid.*

est à l'œuvre, il ne joue qu'un rôle déclencheur et nullement producteur, observation qui réduit considérablement la distance entre motilité provoquée et motilité spontanée et permet de concevoir un passage progressif de l'une à l'autre. Nous retrouverons en psychologie une situation analogue dans la question de l'origine, soit externe, soit interne, des conduites.

Ce n'est pas sans raison que nous nous sommes attardé quelque peu à considérer l'irritabilité et à insister sur les caractères de cette propriété fondamentale de la vie, considérée sous sa face catabolique. Nous disions, il y a un instant, que la cellule présente à l'état inchoatif les fonctions les plus complexes apparues ultérieurement au cours de la phylogénie. Or l'irritabilité est la racine de ce que nous verrons être l'objet de la psychologie : la vie de relation ou comportement. Elle présente les mêmes caractères essentiels, et comprendre l'une, c'est se préparer à comprendre l'autre.

2. — Différenciation des végétaux et des animaux

A partir de la cellule, la vie, nous l'avons dit, a évolué en deux directions différentes, déjà marquées, à vrai dire, au niveau de la cellule elle-même : celle des végétaux, d'une part, des animaux de l'autre. Ce qui caractérise le végétal, c'est que, grâce à la présence de la chlorophylle qui lui permet de capter et d'utiliser l'énergie solaire, il est capable de construire des molécules de glucides, et ultérieurement de lipides et de protides, à partir de matériaux inorganiques et de structure simple : oxygène et hydrogène de l'eau, carbone distrait de l'anhydride carbonique présent dans l'atmosphère, azote des nitrates contenus dans le sol. Par le fait de cette *synthèse chlorophyllienne*, le végétal est doué d'un pouvoir anabolique énorme. Au contraire, le catabolisme demeure chez lui des plus rudimentaires.

Certes, le végétal respire et libère par-là même de l'énergie. Mais au rebours de ce qui se passe chez l'animal, cette énergie d'origine catabolique n'intervient en aucune manière dans les synthèses de l'anabolisme, qui dépendent, comme il a été dit, de la lumière solaire. Tout au plus couvrent-elles les dépenses d'entretien occasionnées par les mouvements de la cellule ou le maintien de sa structure complexe. D'autre part, si l'irritabilité appartient à la cellule végétale comme en général à toute cellule, elle est restée ici limitée à la cellule et n'a pas donné naissance, comme chez l'animal, à une fonction d'ensemble, caractéristique du vivant total.

C'est, en effet, sur ce point précis que s'opposent végétaux et animaux. Dépourvu de chlorophylle, incapable de construire des molécules organiques à partir de matériaux inorganiques, l'animal est forcé de chercher ses aliments aussi bien énergétiques que plastiques, soit dans les végétaux (herbivores), soit dans d'autres animaux se nourrissant eux-mêmes de végétaux (carnassiers). Très désavantagé quant au végétal sous le rapport de l'anabolisme, parasite obligé de ce dernier et doué d'un bien moindre pouvoir de construction et de synthèse, l'animal a pris sa revanche du côté du catabolisme et tiré de l'irritabilité et de la motilité qui lui sont liées, un parti prodigieux. Exploitant au maximum les énormes réserves d'énergie potentielle accumulées sous forme de molécules organiques par le règne végétal, il les a converties en *mouvements* et *déplacements* dans l'espace. On va voir que cette acquisition nouvelle, condition indispensable de sa survie compense — et au-delà — l'infériorité initiale où il se trouvait sous d'autres rapports.

La perpétuation de la vie sur l'écorce terrestre suppose que ceux qui en sont les dépositaires, se nourrissent, se multiplient, enfin se prémunissent efficacement contre les conditions défavorables qui menacent l'intégrité des organismes et s'*adaptent* à celles-ci.

La nutrition ne pose pas à la plante de problème particulièrement aigu. Les matériaux simples, nécessaires à cette fin, se trouvent à proximité dans l'atmosphère ou dans le sol. L'animal, au contraire, requiert comme aliments des végétaux ou animaux qui peuvent ne pas se rencontrer sur place. Sans la capacité d'aller activement les chercher ailleurs, il serait condamné à mourir de faim. La faculté de mouvement ou *locomotion*, conséquence directe du développement du catabolisme et de l'irritabilité, nous apparaît donc en même temps comme une condition indispensable du maintien de l'anabolisme animal. Et c'est en quoi chez l'animal, acquisitions et pertes se compensent.

Le raisonnement serait le même si nous nous placions au point de vue de la fécondation. Chez les végétaux, aussi bien que chez les animaux, l'organisme se différencie en *soma* et *germen*. La nature a voulu, d'autre part, apparemment dans l'intérêt de la fixité des espèces, que tout nouveau rejeton résulte de la conjugaison de deux cellules germinales, mâle et femelle, différenciées par la présence, l'absence ou l'aspect particulier d'un *hétérochromosome*, et préalablement réduites par la *meiose* à un demi-stock de chromosomes. Chez les végétaux, le rapprochement des deux gamètes, et la fécondation qui s'ensuit, sont laissés au hasard et assurés par des agents externes : vent et insectes [1]. L'animal, au contraire, en tout cas l'animal supérieur, se met en quête d'un partenaire de l'autre sexe, et collabore activement à l'entreprise de la fécondation.

Enfin, à mesure que les organismes croissent en complexité (et les animaux, à cet égard, progressent autrement loin que les végétaux), le milieu intérieur gagne une autonomie, une fixité croissantes aux points de vue chimique, thermique, etc. et il devient de plus en plus urgent de le protéger contre les variations et les influences perturbatrices de l'environnement extérieur. Les homéothermes, par exemple, maintiennent une température interne constante, quelles que soient les oscillations du climat où ils vivent. Des mécanismes biochimiques et physiologiques (augmentation ou diminution des combustions, vaso-constriction ou vaso-dilatation, frisson ou sudation) interviennent certes pour apporter les correctifs nécessaires, mais ils ne jouent que dans certaines limites, et ils imposent des dépenses qui finiraient par devenir ruineuses, s'ils n'étaient complétés et suppléés par des interventions actives de l'animal cherchant à rétablir autour de lui des conditions de vie plus propices : migrations, construction d'abris, etc. A nouveau, nous voyons la locomotion, complétée par la préhension, la mani-

---

[1] Nous simplifions très fort la question et pensons surtout à la pollinisation chez les angiospermes.

pulation et la construction, manifestations cataboliques, se mettre au service de l'anabolisme, et les fonctions psychologiques élémentaires se faire les auxiliaires de la vie.

Une notion capitale, dégagée par Claude Bernard et Cannon, peut servir à résumer les diverses sortes d'exigences qui viennent d'être rappelées : celle de *fixité du milieu intérieur* et d'*homéostasis*. Les conduites alimentaires ne visent à rien d'autre qu'à maintenir dans l'organisme une teneur stable en sucres, graisses, protéines, eau, matières minérales, etc. Les conduites sexuelles débarrassent le corps des cellules germinales qui l'encombrent. Enfin, les conduites de conservation préservent son intégrité soit biochimique, soit thermique, soit morphologique.

Une autre notion synthétisera ces fonctions de locomotion et de manipulation qui apparaissent chez l'animal avec le développement du catabolisme, et qui caractérisent l'animal comme tel, par opposition à la plante : celle de *comportement* ou *vie de relation*. Il s'agit ici d'un type de relations qui s'établissent entre le vivant et son milieu à un tout autre plan que celui des échanges biochimiques, et grâce auxquelles le vivant modifie et aménage son milieu dans un sens favorable au déploiement de l'activité vitale. Nous pouvons donc conclure les analyses qui précèdent en disant que le *comportement*, objet d'étude de la psychologie, apparaît comme mis au service de la fin biologique d'*homéostasis*[1].

On notera cependant que si cette conclusion s'applique indubitablement au comportement à ses débuts, il n'est pas du tout sûr

---

[1] Cette loi, qui est impliquée dans les théories courantes concernant la loi de l'effet (Thorndike, Hull) et le principe du plaisir (Freud) a fourni son thème central à l'ouvrage magistral de G. L. FREEMAN, *The Energetics of Human Behavior*, Cornell University Press, 1948, dont les conclusions sont largement compatibles avec celles que nous développons dans le texte. Elle est formulée par Freeman dans les termes suivants : « The organism reacts to a disturbance in the external world in such a way that the relevant aspects of the original conditions in the body tend to be restored ».

Il importe — ce que l'on ne prend pas toujours soin de faire — de distinguer deux niveaux — biochimique et neuro-musculaire — où joue l'homéostasis. L'animal qui a subi de grandes pertes d'eau se met en quête de boisson, sous l'influence lointaine de la déshydratation, sous l'influence proche d'une modification du système nerveux central et d'une tension neuro-musculaire liée à la soif. S'il trouve à boire, l'équilibre biochimique est restauré, le système nerveux revient au repos, la tension neuro-musculaire se décharge en plaisir. Dans un sens très comparable, Freeman distingue qu'elle vaille également pour ses formes terminales. Déjà, l'utilisation de l'énergie catabolique sous forme de mouvement représente une sorte de libération hors des exigences imposées par l'anabolisme, dès lors que celles-ci sont satisfaites. Une conquête de même ordre apparaîtra ultérieurement sur le plan du comportement. Une fois les besoins biologiques comblés, une fois l'*homéostasis* assurée, l'animal disposera d'une vaste quantité d'*énergie de surplus* (Alexander), qu'il lui est loisible de dépenser dans un sens ludique et créateur. Au terme de l'évolution, chez l'homme, le contraste ne peut qu'apparaître saisissant entre, d'une part la simplicité persistante des besoins biologiques, demeurés pareils à eux-mêmes depuis les origines, et d'autre part, la virtuosité sans cesse renouvelée des conduites, et la complexité sans cesse accrue des résultats auxquels elles aboutissent dans le monde extérieur. La perspective alors se renverse. Il semble qu'autant qu'on puisse reconstituer par hypothèse le plan de la nature, la plante soit au service de l'animal et l'anabolisme au service du catabolisme, le comportement s'oriente vers la création gratuite de valeurs, la vie, enfin, se subordonne à l'esprit et trouve en celui-ci sa justification dernière [1].

3. — Caractères généraux du comportement

Il importe maintenant de serrer de plus près cette notion de comportement, qui nous est apparue comme l'acquisition essentielle

dans l'organisme deux systèmes complémentaires : le système digestif-circulatoire et le système neuro-musculaire. L'homéostasis intervient soit dans le premier de ces systèmes, soit dans le second dans ses relations avec le premier. Cependant, par suite de la « surabondance de matériaux », on voit le système neuro-musculaire répondre aux excitants de façon de moins en moins liée aux constances fondamentales de la vie. Il n'empêche que, même dans ce cas, l'homéostasis reparaît dans la séquence : mobilisation de l'énergie (ce que nous appelons tension), la décharge, enfin le rétablissement de l'équilibre (recovery). Freeman précise enfin, qu'il existe des niveaux et types variés de décharges, réglés par la motivation, l'anticipation, l'apprentissage et la loi de l'effet, enfin la différenciation. — Sur les limites de l'explication par l'*homéostasis* biologique en psychologie, on lira cependant les études de H. A. Murray et Ch. Bühler réunies dans le tome 19/20 de *Dialectica* (Zurich, 1951 : MURRAY, *Some Basic Psychological Assumptions and Conceptions* (pp. 266-292), et BÜHLER, *Maturation and Motivation* (pp. 312-361).

[1] Telle est à peu près la conclusion à laquelle aboutit sir Charles Sherrington, dans ses *Gifford Lectures, Man on his nature*, Cambridge Univ. Press, 1940, p. 253.

de l'animal dans la phylogénie, et dont les premières manifestations consistent en mouvements de locomotion et de préhension.

De telles fonctions nouvelles ne vont pas sans appareils nouveaux. On distinguera à cet égard :

1° Des organes mobiles : jambes, pattes, ailes, nageoires pour la locomotion; mains, pattes, griffes, pinces, bouche, bec, trompe (chez l'éléphant), queue préhensile (chez certains singes du Nouveau-Monde) pour la préhension, l'unité de la fonction s'accommodant d'une extrême diversité d'agents d'exécution; mâchoires et langue servant à l'ingestion de la nourriture; enfin, organes copulateurs rendant possible l'union sexuelle.

2° Les membres, en soi inertes, et constitués de pièces osseuses, sont mus par des muscles, appareils contractiles, qui agissent sur eux à la façon de leviers (le plus souvent du 3e genre, avec puissance située entre le point d'appui et la résistance).

Histologiquement, les muscles sont constitués de cellules *sui generis* qui développent à un haut degré les propriétés d'irritabilité, d'excitabilité, de conductibilité et de contractilité qui appartiennent en principe à toute cellule. Ajoutons que la contraction y est polarisée et orientée.

Il existe, comme on sait, deux espèces de cellules ou *fibres* musculaires. Les fibres *lisses*, de structure simple et de fonctionnement lent, tapissent les parois des vaisseaux et des viscères, dont, en se contractant et se relâchant, elles font varier le calibre. Ce sont les fibres de la vie végétative.

Beaucoup plus complexes et plus volumineuses (6 à 12 mm.), et caractérisées par des raies alternativement claires et sombres, les fibres *striées* résultent de l'anastomose de plusieurs cellules préalables, dont subsistent les noyaux, dispersés dans le sarcoplasme. Passibles de raccourcissements longitudinaux brusques, elles permettent aux muscles qu'elles constituent de rapprocher leurs insertions et, par-là, de mouvoir les membres. Ce sont les fibres de la vie de relation.

Proches des fibres striées, malgré certains caractères *sui generis*, sont les fibres du myocarde. Enfin, la fonction respiratoire dépend également de fibres striées.

3° Passibles en principe de mouvements aneuraux, éventuellement spontanés, comme on le voit dans le myocarde, les muscles sont mus en règle générale par des fibres motrices, qui sont les prolongements de cellules hautement excitables et conductibles : les cellules nerveuses.

La cellule nerveuse ou *neurone* comprend, outre un protoplasme et un noyau, hautement différenciés, deux sortes de prolongements :
1º un *axone* ou *cylindraxe* centrifuge, toujours unique, (encore qu'éventuellement fourni de collatérales et ramifié à son extrémité) et originellement branché sur la fibre musculaire;
2º une ou des *dendrites*, centripètes, en nombre illimité.

La longueur des prolongements peut varier de quelques microns à plusieurs dizaines de cm. On nomme *fibres nerveuses*, par opposition aux *corps cellulaires* : protoplasmes et noyaux, les prolongements dendritiques ou cylindraxiles notablement allongés. Bien entendu, la fibre, expansion du protoplasme, dépend de la cellule au point de vue physiologique et trophique.

Les fibres juxtaposées et affectées à une même fonction donnent naissance aux *nerfs* (entre la périphérie et les centres), ainsi qu'aux *cordons* ou *faisceaux* (à l'intérieur des centres). Revêtues d'une gaine blanche de myéline, les fibres constitutives des nerfs, cordons et faisceaux, composent la matière blanche du SN central.

Les neurones ou corps cellulaires juxtaposés donnent naissance aux *centres*, *noyaux* ou *ganglions*. Non revêtus de myéline, ils constituent la *matière grise*.

La cellule musculaire, éminemment *excitable*, *conductible* et *contractile*, peut se suffire à elle-même et se passer de neurone, comme on le voit par l'exemple des éponges ou du muscle cardiaque. Le neurone, *excitable* et *conductible*, ne peut exercer d'action que branché sur la fibre musculaire. Son rôle est de recueillir l'excitation à distance par son corps cellulaire et ses dendrites, et de l'acheminer par son axone jusqu'au muscle. Au point de rencontre, le neurone activé libère un médiateur chimique : l'acétylcholine, qui constitue pour le muscle un excitant.

Nous savons déjà que l'*excitation* (tant du muscle que du nerf) consiste en une dépolarisation d'un point de la membrane cellulaire, ou, plus exactement en une inversion de la polarisation normale, d'ailleurs aussitôt rétablie par la cellule. A partir du point excité se déclenche une onde de dépolarisation, qui se transmet de proche en proche par formation de circuits locaux. C'est cette onde que l'on nomme *influx nerveux*.

L'influx nerveux présente des caractères remarquables. Dans un SN *in situ*, il chemine toujours dans le même sens, des dendrites au cylindraxe. Il obéit à la loi du *tout ou rien*. Son intensité et sa vitesse, pour une fibre donnée et à un moment donné, demeurent constantes et dépendent, non de l'excitant, mais de la fibre. La vitesse croît avec la grosseur de la fibre et la présence de myéline (de 8 à 120 m par seconde). L'intensité variable de l'excitant se traduit par des salves plus ou moins nourries d'influx, toujours séparées par des *phases réfractaires* de récupération. La seule variation décelable dans l'activité d'une fibre consiste donc dans la fréquence plus ou moins élevée des influx transmis par elle (5 à 200 par seconde).

... Telle était la thèse classique. Elle suppose, comme on voit, un neurone *stable* et ne délivrant d'influx — toujours les mêmes — qu'en réponse à un excitant. Il est apparu, depuis lors, que les variations d'état électrique par où passe le neurone, affectent sa réactivité, et permettent même, dans les cas-limites, une activité spontanée [1]. « Tout neurone oscille continuellement entre deux limites, un état *d'excitation* où il est hypersensible, émettant des influx pour une faible stimulation, tendant à donner plusieurs signaux pour une stimulation, allant même jusqu'à une activité maintenue en dehors de toute excitation, et donnant naissance à des signaux plus brefs, plus rapides et plus fréquents, et un *état d'inhibition* où, inversement, il devient paresseux, demandant une stimulation plus intense, parfois une sommation de stimulations pour une unique réponse, où les signaux sont plus lents, plus durables et moins fréquents. L'hyperactivité neuronique peut donc tenir, soit à une forte stimulation extérieure, soit à un grand état d'excitation du neurone lui-même. Si un neurone est au repos, ou il ne reçoit pas de stimulations, ou il leur est insensible en raison de son état d'inhibition » (P. CHAUCHARD, *Le cerveau humain*, Paris, 1958, p. 40). Ajoutons que l'inhibition correspond à une surpolarisation, et l'excitation à une sous-polarisation.

---

[1] Déjà suggérée par les faits d'*afterdischarge*, par le fonctionnement automatique des centres respiratoire, glycorégulateur, thermorégulateur, etc..., par l'automatisme cardiaque, gastro-intestinal ou utérin, et impliquée dans la notion *d'automatisme* rythmique du neurone (Bremer), l'activité spontanée des neurones centraux a été affirmée et commentée par D. O. HEBB, *The organization of behavior*, Wiley, 1949, pp. 8-9; C. S. SHERRINGTON, *Man on his nature*, Cambridge U.P., 1951[2], pp. 176 ss. et 223; B. D. BURNS, *The mammalian cortex*, Arnold, Londres, 1955, pp. 51 ss.; J. SCHLAG, *L'activité spontanée des cellules du système nerveux central*, Bruxelles, 1959 (substance réticulée), celle des neurones récepteurs par R. GRANIT, *Receptors and sensory perception*, Yale, 1955, chap. III (Spontaneous activity in sense organs), pp. 81-112. — J. C. ECCLES *(The neurophysiological basis of mind*, Oxford, Clarendon, 1953, pp. 228 ss.; *The physiology of nerve cells*, John Hopkins, 1957) au contraire explique l'apparent automatisme rythmique des centres par l'influence activante de la substance réticulée sur le cortex, et l'intervention dans celui-ci de *self reexciting circuits* (R. Lorente de Nô).

De quoi dépendent ces variations électriques du neurone? De son métabolisme et rythme interne (c'est là la part de la spontanéité), des conditions biochimiques, humorales, hormonales du milieu intérieur, enfin des excitants qui agissent sur son corps cellulaire et ses dendrites et modifient le niveau de sa polarisation, sans nécessairement — sinon franchi le seuil d'intensité suffisante — y déclencher un influx.

De l'influx nerveux, onde de dépolarisation toujours la même, soumis à la loi du *tout ou rien* et transmise (comme on le verra plus loin) par voie synaptique, il faut donc distinguer des variations de potentiel *dendritiques*, celles-ci *graduées* et se propageant de de dendrite à dendrite, dans un champ de neurones, par voie *éphaptique* et non plus *synaptique*. Ce sont ces variations de potentiel dendritiques, atteignant ou non le seuil de déclenchement de l'influx, qui se traduisent sans doute dans l'électro-encéphalogramme, le repos correspondant aux ondes synchrones et ralenties, l'activité aux ondes accélérées et désynchronisées. C'est par voie non synaptique encore que se propagent les dépressions cérébrales causées par des chocs, non moins qu'à l'inverse, les paroxysmes épileptiques.

Un peu de réflexion montrera qu'ainsi conçue, l'activité du neurone n'est qu'une illustration de la formule :

$$S \to O \to R$$

les influx se distribuant en influx *spontanés* ou *provoqués*, et ces derniers dépendant en proportion variable, d'une part de l'intensité de l'excitant, d'autre part de la susceptibilité fluctuante du neurone.

4° Les déplacements de l'animal peuvent s'effectuer au hasard. Ils peuvent être également guidés par des signaux relatifs à la nourriture, au partenaire sexuel, aux conditions de vie soit favorables, soit néfastes, de l'environnement. D'où la présence dans l'animal d'appareils avertisseurs agissant soit au contact (toucher), soit à distance (vue, ouïe, odorat) : les organes sensoriels. Ceux-ci contiennent, éventuellement enchâssées dans un appareil protecteur, détecteur et amplificateur, des cellules nerveuses spécialisées hautement sensibles à l'action d'une classe déterminée d'excitants.

Il s'agit ici de *neurones récepteurs*, s'opposant aux *neurones moteurs* branchés sur le muscle. Les fibres qui convoient l'influx sont des fibres dendritiques, groupées en nerfs sensitifs, et se prolongeant en fibres cylindraxiles par-delà le ganglion spinal ou crânien qui contient les corps cellulaires.

5° Il importe enfin qu'un système de liaisons s'établisse entre les récepteurs sensoriels et leurs prolongements nerveux d'une part, les effecteurs musculaires et les cellules et fibres motrices, de l'autre. Cette liaison est assurée par le système nerveux. On peut prévoir ici des organisations de complexité variable. Aux niveaux supérieurs, la rencontre s'effectue dans des centres nerveux qui, à la façon de centraux téléphoniques, peuvent mettre en relation n'importe quelle voie afférente avec n'importe quelle voie efférente, et n'importe quel message sensoriel avec n'importe quelle réaction motrice. L'analogie avec un réseau téléphonique ne doit pas, toutefois, être poussée trop loin. Les centres sont en soi actifs et non inertes. S'ils ressentent l'impact des influx afférents et voient leur fonctionnement modifié en conséquence, ils ne dépendent pas de ces influx pour entrer en fonctionnement, l'activité autonome et, en quelque sorte, auto-entretenue dont ils sont le siège, se matérialisant, comme nous le verrons, en *comportement spontané*. Ajoutons enfin que des centres d'inégale complexité peuvent se superposer et se hiérarchiser dans le même organisme, et se partager alors la commande des conduites suivant le degré variable d'élaboration de celles-ci.

Les centres nerveux sont constitués de neurones et de *synapses*.
Le centre le plus simple qui se puisse concevoir consiste dans l'articulation d'un neurone sensitif et d'un neurone moteur, l'axone de l'un entrant en contact avec les dendrites ou corps cellulaire de l'autre. C'est ce contact que l'on nomme *synapse*. On comprendra, d'après ce qui a été dit plus haut, que la salve d'influx traversant le neurone sensitif, ou, plus probablement le médiateur chimique libéré à l'extrémité de l'axone (acétylcholine?), constitue pour le neurone moteur un *excitant* ou dépolarisant d'efficience variable, générateur de *réponse graduée*, atteignant ou non le seuil requis pour le déclenchement d'un influx ou d'une salve d'influx moteurs. En d'autres cas, c'est une inhibition ou repolarisation qui est engendrée, soit qu'il existe en aval deux sortes de neurones, ou d'extrémités, libérant peut-être des médiateurs différents, soit que la surface du neurone moteur comporte deux sortes de points,

réagissant en des sens opposés. Le neurone fait la somme algébrique des influences excitatrices ou inhibitrices auxquelles il est soumis, et en tire le niveau de sa polarisation.

Mais neurone et synapse subissent également, dans leur fonctionnement actuel, l'influence du passé. Ici, comme en bien d'autres secteurs de la vie organique, la fonction se perfectionne par l'exercice. Toute transmission d'influx laisse après elle un *frayage*, générateur de *facilitation*, et par-là, sur le plan du comportement, d'*habitude* et d'*apprentissage* [1].

Nous n'avons considéré jusqu'ici que *deux* cellules en contact. Le plus souvent, ce sont de très nombreux neurones sensitifs et moteurs qui s'articulent entre eux. D'où, dans des *chaînes convergentes*, des phénomènes de *sommation dans l'espace*, doublant et relayant la *sommation dans le temps* (exemple : les cellules bipolaires de la rétine, confluant vers les cellules multipolaires), et, dans des *chaînes divergentes*, des phénomènes de *distribution*, par où un neurone en alerte plusieurs autres (exemple : l'activation d'un muscle, couplée avec l'inhibition de son antagoniste). D'où, encore, dans des *chaînes fermées* (Lorente de Nô), des circuits réitérés et auto-entretenus. D'où, enfin, au carrefour de très nombreuses dentrites et axones, le phénomène d'*aiguillage*, qui répond au « problème fondamental de la physiologie nerveuse : comment expliquer, à partir d'une structure histologique et anatomique immuable, la diversité des conduites de l'être vivant, et plus spécialement ses réponses à une excitation donnée » (BONNARDEL, *Le fonctionnement du système nerveux*, Paris, 1950, p. 11). Tout dépend ici de l'état et de l'activité actuels des neurones en présence, non moins que des frayages préalablement établis entre eux.

Il est rare, enfin, que neurones sensitifs et moteurs soient en contact direct. Normalement vient s'interposer une couche plus ou moins dense de neurones *associatifs*, *ganglionnaires* et *centraux*, à prolongements courts et liaisons nombreuses, par où se multiplient les synapses, les possibilités de circuits, enfin les occasions de sommation, distribution et aiguillage.

---

[1] Sur quoi repose cette facilitation? On a avancé, pour l'expliquer, diverses hypothèses : développement et adhérence accrue des extrémités axonales *(synaptic vesicles)*; modification de perméabilité de la membrane postsynaptique; meilleur accord électrique entre neurones; repolarisation moindre après excitation et sommation de dépolarisations résiduelles; persistance de médiateur chimique sous forme de traces (voir sur tout cela : BURNS et ECCLES, *op. cit.*). Au frayage et à la facilitation s'opposent le blocage et l'inhibition, lesquels résultent de l'inactivité ou d'une activité excessive de la synapse, et se traduisent en inaptitude et en fatigue.

C'est par leur richesse variable en neurones associatifs que se caractérisent et se hiérarchisent les centres. A l'exiguïté de la moelle, mince cordon large d'un cm, s'oppose le volume déjà impressionnant des ganglions de la base, mais plus encore, la masse énorme de l'écorce cérébrale avec ses milliards de cellules.

A cette différenciation morphologique, s'en superpose une autre, de nature fonctionnelle. Tandis qu'au niveau de la moelle, circuits et aiguillages apparaissent *préformés*, ce qui se traduit par des liaisons stéréotypées entre stimuli et réponses, autrement dit par des *conduites innées*, le cortex, essentiellement *adaptable* et *plastique*, peut, suivant les invites ou les opportunités du moment, lier à n'importe quel type de stimulus n'importe quel type de réponse, et, une fois cette liaison établie, la restituer ultérieurement sous forme de *conduite acquise* : *habitude* ou *apprentissage*. C'est ainsi que des francophones associeront à l'objet : pomme, le son « pomme », des anglophones, au contraire, le son « apple ». La modification ainsi introduite dans le cortex, centre initialement vierge, a reçu le nom de *memory trace* ou d'*engramme*, et c'est sur la nature de l'engramme que portent les enquêtes et discussions les plus hérissées de difficultés de la physiologie nerveuse.

Il était naturel que l'on expliquât la liaison formée de neuf entre stimuli et réponses définis, par une liaison sous-jacente, intracérébrale, entre neurones récepteurs, associatifs et moteurs, et que l'on interprétât cette liaison en termes de frayages, facilitations synaptiques et aiguillages. Ainsi est née la conception localisatrice et *connectionniste* de l'apprentissage et du fonctionnement cérébral, excellemment résumée par Hebb (*op. cit.*, p. xvii) en ces termes :

" Cells in the sensory system acquire connections with cells in the motor system : the function of the cortex is that of a telephone exchange. Connections rigidly determine what animal or human being does, and their acquisition constitutes learning ".

Sous cette forme extrême, la théorie suppose que le cerveau est, à l'état de repos, complètement inactif, et, à l'état d'activité, actif seulement dans telle ou telle chaîne nerveuse, en principe localisable. Toute lésion cérébrale, d'autre part, devrait se traduire par la perte irrémédiable d'habitudes ou souvenirs définis, les autres étant préservés.

L'électro-encéphalographie, aussi bien que la pathologie cérébrale, ont fait justice de ces postulats [1].

---

[1] Cf. K. Lashley, *The problem of serial order in behavior*, dans L. Jeffres, *Cerebral mechanisms in behavior*, Wiley, 1951, pp. 112 ss. " Neurological theory has been dominated by the belief that the neurons of the central NS. are in an inactive or resting state for the greater part of the time; that they are linked in relatively isolated conditioned reflex

On sait maintenant que le cerveau dans son ensemble est en état d'activité électrique constante, les stimuli ou configurations de stimuli qui surviennent, modifiant ou prenant sous leur contrôle cette activité spontanée sans la créer.

On sait aussi que les traumatismes cérébraux, s'ils compromettent les apprentissages dans une mesure proportionnelle à la quantité de tissu lésé *(mass action)*, ne se traduisent pas en général par la perte élective d'habitudes ou de souvenirs.

Réfléchissant sur ces données, comme aussi sur la perception et les constances et généralisations qu'elle implique, Lashley et Köhler ont proposé de rejeter sans réserve la thèse connectionniste et de lui substituer une théorie d'inspiration totalement différente (déjà suggérée, à vrai dire, par Pavlov) : la *théorie du champ (Field theory)*. Transcrivons à nouveau le résumé de HEBB *(loc. cit.)* :

" (Field theory)... denies that learning depends on connections
" at all, and attempts to utilize instead the field conception that
" physics has found so useful. The cortex is regarded as made up
" of so many cells that it can be treated as a statistically homoge-
" neous medium. The sensory control of motor centers depends,
" accordingly, on the distribution of sensory excitation and on
" ratios of excitation, not on locus or the action of any specific
cells ".

Ainsi ni connections, ni localisations. Mais des patterns variables d'excitation, affectant n'importe quelle région du cerveau, n'importe quelles cellules cérébrales, et dont chacun correspond à une perception, une gnosie, un souvenir, un *insight*, une habitude, une praxie déterminés.

A l'atomisme de la théorie connectionniste se substitue la thèse du cerveau agissant *comme un tout*. A l'idée d'un fonctionnement comparable — encore qu'inégalement complexe — de la moelle et de l'encéphale, celle d'une radicale hétérogénéité, correspondant d'ailleurs à l'hétérogénéité des réactions motrices et des processus mentaux. C'est surtout la *perception* qui est ici visée : où qu'elle se

acts, and that they are activated only when the particular reactions for which they are specifically associated are called out. Such a view is incompatible both with the widespread effects of stimulation which can be demonstrated by changes in tonus and also with recent evidence from electrical recording of nervous activity. It is now practically certain that all the cells of the cerebro-spinal axis are being continually bombarded by nerve impulses from various sources and are firing regularly, probably even during sleep. The nervous activity which they in turn elicit, depends upon the current physiological state of the neurons with which they are connected. It is probably not far from the truth to say that every nerve cell of the cerebral cortex is involved in thousands of different reactions. The cortex must be regarded as a great network of reverberatory circuits, constantly active. A new stimulus reaching such a system, does not excite an isolated reflex path, but must produce widespread changes in the pattern of excitation throughout a whole system of already interacting neurons " (p. 130).

projette sur la rétine, et ultérieurement sur le cortex, qu'elle soit vue de près ou de loin, de face ou de profil, une porte reste une porte, et est reconnue comme porte *(équipotentialité)*.

Dans cette perspective, les traces mémorielles — si traces il y a — sont à concevoir comme purement dynamiques et non plus structurales. Comme l'écrit CHAUCHARD (*op. cit.*, p. 53), les souvenirs « ne sont qu'une aptitude des structures cérébrales à reprendre un certain type de structuration, quand les circonstances qui lui ont donné naissance se représentent : tels sont les circuits gnosiques et praxiques... En l'absence de mémorisation, consciente ou non, c'est-à-dire de structuration fonctionnant, il n'y a pas de souvenir entreposé dans le cerveau, mais simplement une aptitude, une sensibilisation qui permettra la structure... ».

En quoi, cependant, consiste cette *aptitude*, cette *sensibilisation*, en quoi le cerveau est-il modifié par l'expérience vécue? Il est apparu à la plupart des neurophysiologistes que la conception de Lashley échouait à rendre compte de l'apprentissage et de l'engramme, et que force était de revenir à la théorie des connections et facilitations synaptiques, quitte à l'assouplir, ou, mieux, à la combiner avec la *field theory* [1]

1º La *trace* est conçue de façon plus lâche comme un schème *spatio-temporel* affectant des millions de cellules dans des régions distantes du cortex. Chaque cellule, à son tour, est impliquée dans des millions de schèmes. D'aucune cellule, d'aucune synapse *individuelle*, on ne peut dire qu'elle est indispensable au processus. Et de même que la marche reste possible après section du plus grand nombre des racines dorsales de la moelle, celles qui subsistent poussant des prolongements et transmettant les informations nécessaires à tous les niveaux, ainsi on peut concevoir que, par suite de ramifications et recouvrements *(overlap)* du même genre, de notables fractions du cortex puissent être détruites, sans que soit

---

[1] Cf. BURNS, *The mammalian cortex*, 1955, pp. 78 ss.; ECCLES, *The neurophysiological basis of mind*, 1953, pp. 227, 265 ss. (chaque perception, souvenir, acte de pensée est associé à un " specific spatio-temporal pattern of neuronal activity ". Chaque *pattern* fait intervenir des millions de neurones et chaque neurone est impliqué dans des millions de *patterns*. La restitution de ces patterns repose sur des facilitations synaptiques. " We may regard the engram as a patterned association of neurons which is called in existence and maintained by the increased synaptic function caused by usage... There will thus be a tendency for this particular pattern of neuronal activity to be evoked by a particular predisposing or triggering neuronal activity and/or excitatory afferent input "; ECCLES, *The physiology of synapses*, Springer, Berlin, 1964, pp. 255-60 (rôle de l'inhibition); R. W. SPERRY, *Physiological plasticity and brain circuit theory*, dans HARLOW et WOOLSEY, *Biological and biochemical bases of behavior*, The Univ. of Wisconsin Press, 1958, pp. 401-424.
— Plus anciennement, HEBB, dans *The organization of behavior*, Wiley, 1949, avait soumis la *field theory* à une critique approfondie et tenté d'accommoder la théorie connectionniste de façon à échapper aux objections qu'elle soulève, faisant en particulier un méritoire, encore que laborieux effort, pour y intégrer la théorie de la perception et les faits d'équipotentialité.

gêné le déroulement des fonctions. Ainsi s'expliquerait encore qu'en maintes occasions, ce soit la quantité de tissu lésé qui importe, beaucoup plus que sa localisation [1].

2° Si d'innombrables circuits, sources de réactions potentielles, sont inscrits dans la matière cérébrale, leur *activation* élective dépend des architectures d'excitations ou inhibitions, qui, affectant le cortex, ouvrent certaines voies et en ferment d'autres.

L'excitation intervient sous forme de *preparatory set*, d'*attention*, d'*expectation* et se traduit en adaptations toniques et posturales. L'inhibition, en éliminant toutes manifestations importunes, assure la sélectivité de la réponse. Je sais qu'à tel interlocuteur, je vais répliquer en français ou en anglais, qu'à tel signal je vais prendre le départ pour une course, qu'à l'audition de telle dictée, je vais dactylographier, etc... Des stimuli sont enregistrés de préférence à d'autres, des ordres de réponse rendus disponibles. Il en est comme d'une machine à calculer qui « se prépare » à additionner, multiplier, etc... Tout cela correspond à des sensibilisations particulières de l'écorce, en relation avec la substance réticulée. " By virtue of these neural settings, the machine becomes many machines at once " [2].

3° Les facteurs périphériques n'agissent donc que subordonnément aux facteurs centraux, et les innombrables circuits synaptiques tracés dans le cortex que dépendamment des vagues d'excitation ou d'inhibition qui activeront électivement les uns en bloquant les autres. Autrement dit, la formule :

$$S \to O \to R$$

s'applique au cortex dans son ensemble. Cela permet de concevoir,

---

[1] HEBB, ECCLES, et surtout SPERRY, *op. cit.*, p. 417 *(Morphological overlap and functional reinforcement)*.

[2] SPERRY, *loc. cit.*, " With facilitatory sets operating in a switchboard or fiber circuit system, the functional patterns, though still dependent on specific connections, become much less a direct reflection of the underlying structural design. Given a morphological rigid circuit system of sufficient complexity, it is possible for example to get an almost unlimited variety of different responses from the same individual stimulus, simply by shifting the distribution of central facilitation, i.e. by opening certain central and motor pathways at one time and others at other times... By this opening and closing of different patterns of circuits at different times, the single morphological network can in effect be transformed into many different types of circuits with widely differing properties and capacities. A very large part of the plasticity and versatility of the NS seems to be based on just these principles " (pp. 414-15). Ces *neural sets* dépendent sans doute de la substance réticulée et peuvent être conçus " in terms of the potential postures and movements of the vertebrate body. The " postural sets ", then, have direct application to overt movement, and perhaps more or less direct implication for the implicit operations of perception and thought processes, depending on the closeness or remoteness of these latter to motor adjustment " (pp. 416-17).

Finalement, Sperry en arrive à considérer l'engramme " as a confunction of facilitatory sets..., reinforcing expectancies, and related high level phases of cerebral activity, rather than sensory-motor or sensory-sensory associations " ce qui explique encore une fois sa large diffusion dans le cortex et les dommages restreints causés par les lésions (p. 418).

à côté des réponses corticales *provoquées*, des initiatives spontanées [1]. Celles-ci jouent un grand rôle dans le comportement instinctif, rationnel ou volontaire [2]. « Cette complexité du fonctionnement cérébral a pour effet de donner au cerveau une possibilité de spontanéité, de détachement du pur réflexe que n'avait qu'en germe réduit un centre inférieur moins riche en neurones. Les messages réflexes entretiennent le fonctionnement cérébral qui constitue une vraie intériorité active par elle-même, en dehors de toute commande réflexe directe. Le message réflexe peut s'épuiser dans les schèmes centraux sans donner obligatoirement une réponse de comportement. Une spontanéité de structure, base de l'imagination, peut donner naissance à des comportements non motivés de façon réflexe. L'initiative motrice et la maîtrise sont ainsi explicables au plan cérébral » [3].

Nous mentionnerons, enfin, pour terminer une hypothèse toute récente qui conçoit l'engramme comme une modification des acides ribonucléiques du neurone, affectés dans l'ordonnance des quatre sortes de bases qui interviennent dans leurs chaînes. Conception séduisante, en ce qu'elle aligne la mémoire individuelle, supposée solidaire des acides ribonucléiques, sur la « mémoire biologique » ou hérédité, solidaire des acides désoxyribonucléiques du noyau. Elle peut faire état, d'autre part, de faits expérimentaux non négligeables [4]. On voit mal, cependant — provisoirement, en tout cas, comment l'intégrer à l'ensemble des données et hypothèses considérées comme acquises et plus haut résumées par nous [5].

Il ressort de cette analyse que le développement de la vie de relation repose essentiellement sur la mise en activité de deux systèmes; d'ailleurs étroitement unis et dont l'un dépend entièrement de l'autre, au point de vue de son exercice : le système nerveux,

---

[1] Ce qui ne veut pas dire *sans cause*. " If the roof-brain acts spontaneously, as electrical technique seems to detect, then there occurs action in it *not* initiated through any gate way of sense. The physiologist uses " spontaneous " here just as he uses it of the heart which beats " of itself ", i.e. self-activated. He does not intend any reference to free will... " (SHERRINGTON, *op. cit.*, p. 182.).
[2] SHERRINGTON, *Ibid.*, p. 180 ss. et 223.
[3] CHAUCHARD, *Le cerveau humain*, pp. 54-55.
[4] Cf. F. O. SCHMITT et al., *Macromolecular specificity and biological memory*, M.I.T. Press, Cambridge, Mass., 1962, en particulier la contribution de H. HYDEN (grand défenseur de cette théorie), pp. 55 ss.
[5] Cf. l'avis de SPERRY, dans l'ouvrage de SCHMITT, pp. 70 ss. et la critique sans réserve de ECCLES, *The physiology of synapses*, Berlin, 1964, pp. 260 ss.

d'une part, le système musculaire de l'autre. Nous voyons se vérifier ici, sur le point particulier qui nous intéresse, une loi fondamentale de l'organisation du métazoaire : celle de la division du travail physiologique, entraînant la différenciation des tissus, des organes et des appareils. Tandis qu'au niveau du protozoaire ou de la cellule élémentaire, les fonctions essentielles de la vie sont (avec certaines réserves) assumées indivisément par le même micro-organisme, lem étazoaire tend, au cours de sa croissance, à les répartir entre tissus, systèmes et appareils distincts : appareils digestif, circulatoire, respiratoire et excréteur pour la nutrition; appareil génital pour la reproduction; appareils nerveux et musculaire pour la vie de relation.

Dans une telle organisation, chacune des cellules constitutives du vivant conserve sans doute, au moins potentiellement, un minimum d'irritabilité, d'excitabilité, de conductibilité, de motilité. Mais à ces propriétés élémentaires de la cellule, viennent se superposer une irritabilité et une motilité du vivant dans son ensemble, celles-ci assurées exclusivement par l'appareil neuro-musculaire. Ce sont justement cette irritabilité et motilité d'ensemble que nous nommons vie de relation et comportement.

Venons-en maintenant à l'analyse plus détaillée de ces fonctions. Nous allons retrouver ici, sur un plan supérieur et à un niveau de complexité certes notablement accrue, ces mêmes facteurs fondamentaux que nous voyions à l'œuvre dans les phénomènes d'irritabilité et de motilité cellulaires.

La vie de relation suppose qu'un système original d'échanges s'établit entre l'individu et le milieu. On distinguera donc dans ses manifestations, d'abord une phase centripète au cours de laquelle le milieu alerte l'individu, ensuite une phase centrifuge au cours de laquelle l'individu modifie le milieu.

La première phase implique l'intervention d'un *excitant* ou *stimulus* — nous désignerons par ces termes toute modification, mécanique, physique, chimique de l'environnement agissant sur l'un quelconque des récepteurs de l'animal. C'est ainsi qu'un stimulus lumineux déclenche soit un réflexe pupillaire, soit une sensation visuelle. En beaucoup de cas, cependant, ce qui impressionne l'animal, c'est, non pas un stimulus isolé, mais la constellation de stimuli coordonnés qui composent une *situation* ou un *objet* : nourriture à ingérer, proie à poursuivre, partenaire sexuel à approcher.

La seconde phase voit se produire la *réaction* ou *réponse*, dont nous dirons qu'elle va du simple réflexe aux manifestations les plus hautes de la pensée à travers toute la série des conduites émotionnelles, instinctives ou intelligentes à des degrés divers.

Une formule de base, qui remonte aux débuts de la psychologie scientifique, synthétise les notions qui viennent d'être acquises, et permet de caractériser, au moins sommairement, une gamme extrêmement variée de processus psychologiques. C'est la formule :

$$S \to R$$

où S désigne le Stimulus ou la Situation, R au contraire la Réaction ou Réponse.

Un minimum de réflexion montrera cependant que, si cette formule n'est pas inexacte, elle pèche gravement par défaut et laisse dans l'ombre une condition capitale. Le stimulus, normalement déclencheur d'un réflexe, n'est suivi d'aucun effet au cours de la période dite *réfractaire*. Les menues interférences du milieu sont accueillies avec sérénité par l'homme calme, tandis qu'elles suscitent la crise de colère chez l'individu préalablement exaspéré ou chroniquement irritable. Enfin la vue de la nourriture provoque des réactions de sens contraire — *adiencies* ou *abiencies*, appétit ou nausée — suivant que l'animal est travaillé par la faim ou rassasié. Avec Dashiell et Woodworth [1], nous compléterons donc la formule

---

[1] J. F. DASHIELL, *Fundamentals of Objective Psychology*, Houghton-Mifflin, 1928; R. S. WOODWORTH - D. G. MARQUIS, *Psychology*, Holt, 1947 (1921¹), ch. II; R. S. WOODWORTH, *Dynamics of Behavior*, Holt, 1958. Woodworth propose $S \to O \to R$, où O désigne l'Organisme, ce qui a l'inconvénient de suggérer une sorte de réduction du psychologique au biologique. A la mention de l'Organisme, nous préférons donc substituer celle de l'entité *psychologique* qu'est l'*Individu* (I).

S → R dans le sens suivant, qui réserve la place qu'il mérite au Système Réagissant, l'Organisme ou l'Individu (désigné par I) :

$$S \to I \to R$$

Exactement comparable apparaît l'équation que Lewin met à la base de son système :

$$C = f(P, E)$$

où C, P et E désignent respectivement le Comportement, la Personne et l'Environnement [1]. La formule de Lewin a, cependant, l'avantage de présenter ces trois termes sous l'aspect de *variables*, non seulement qualitatives, mais quantitatives, par-là même passibles de mesure, et reliées entre elles par des relations fonctionnelles définies. Ces mêmes variables ont été présentées et systématiquement investiguées par Edwards sous les noms respectifs de *Stimulus variables, Organismic variables, Response variables* [2]. Nous nous contenterons quant à nous, sauf dans les cas où le langage mathématique s'impose, de parler de *Facteurs Externes, Facteurs Internes* (ou *motivationnels*) et *Conduites* ou *Réponses*.

[1] Même formule chez R. B. CATTELL, *Personality*, McGraw Hill, 1950, pp. 204 et 212, qui note avec raison qu'elle résume la conception tant de McDougall que de Freud. On lira, de ce dernier, le texte de l'*Introduction à la Psychanalyse* (tr. fr., pp. 373-4) cité et commenté par DALBIEZ *(La méthode psychanalytique et la doctrine freudienne*, t. II, 1936, pp. 380-81) : « Au point de vue de l'étiologie, les affections névrotiques peuvent être rangées dans une série dans laquelle les deux facteurs : constitution sexuelle et influences extérieures, ou, si l'on préfère, fixation de la libido et privation, sont représentés de telle sorte que la part de l'un de ces facteurs croît, lorsque l'autre diminue. A l'un des bouts de cette série se trouvent les cas extrêmes dont vous pouvez dire avec certitude : étant donné le développement anormal de leur libido, ces hommes seraient tombés malades quels que fussent les événements extérieurs de leur vie, celle-ci fût-elle aussi exempte d'accidents que possible. A l'autre bout se trouvent les cas dont vous pouvez dire, au contraire, que ces malades auraient certainement échappé à la névrose, s'ils ne s'étaient pas trouvés dans telle ou telle situation. Dans les cas intermédiaires, on se trouve en présence de combinaisons telles qu'à une part de plus en plus grande de la constitution sexuelle prédisposante correspond une part de moins en moins grande des influences nocives subies au cours de la vie et inversement. Dans ces cas, la constitution sexuelle n'aurait pas produit la névrose sans l'intervention d'influences nocives, et ces influences n'auraient pas été suivies d'un effet traumatique, si les conditions de la libido avaient été différentes ». On voit que la vaste question de l'étiologie des troubles mentaux est implicitement tranchée par cette discussion. Dalbiez ajoute : « Suivant le point de vue auquel on se placera, on sera amené à considérer comme étiologique, soit le facteur externe, soit le facteur interne. Il serait préférable de ne pas envisager isolément ces facteurs et de tenir surtout compte de leur *rapport* ».

[2] A. L. EDWARDS, *Experimental Design in Psychological Research*, Rinehart, 1950.

Si plausible qu'apparaisse la formule S → I → R, et quelque usage que nous devions en faire dans la suite de notre exposé — ou plutôt : en raison même de cet usage, — il importe que nous soumettions, tant ses termes que les relations qui relient ses termes, à un examen critique approfondi. Nous suivrons dans cet examen le fil de l'histoire, nous arrêtant à quelques étapes majeures.

Aux débuts de la psychologie scientifique, et plus nettement encore pendant la période behavioriste qui s'est assez vite imposée, le souci de construire la psychologie sur le modèle de la biologie, ou mieux encore : de la physique, avait fait accueillir avec grande faveur la formule S → R, qui enlevait au comportement son caractère apparemment spontané, capricieux et imprévisible, et l'enserrait dans un système de lois expliquant chacune de ses manifestations par une intervention du milieu. La formule jouait sans trop de peine aux niveaux élémentaires alors considérés — réflexes, sensations, etc. — où les facteurs internes, relativement constants, n'apparaissent guère. Aux niveaux plus élevés, où décidément la motivation ne peut plus être ignorée, il était rendu compte de cette dernière par de prétendus *stimuli* internes agissant sur les champs de réception intéro- ou proprioceptif. Exemples : les contractions de l'estomac, solidaires de la faim (Cannon) ou la distension des vésicules séminales engendrant, croyait-on, le désir. Cette extension des notions de stimulus, de sensation, de réflexe, etc. du domaine extéroceptif, où nous les avons exclusivement considérées jusqu'ici, aux domaines intéro- et proprioceptif (où elles n'intéressent plus directement la vie de relation) n'avait rien en soi que de légitime. Ce qui est apparu, nous le verrons, comme intenable, c'est l'idée que la motivation se réduise *exclusivement* à de tels facteurs internes d'ordre *périphérique*.

L'un des critiques les plus clairvoyants de cette dernière thèse avait été Skinner dans son livre *The Behavior of Organisms* (1938). L'auteur montrait que la faim, entendue au sens de tendance à manger et effort pour trouver de la nourriture, n'a à peu près rien de commun avec la stimulation engendrée par les contractions de l'estomac. Celles-ci semblent plutôt constituer un mécanisme d'alarme *(emergency mechanism)* mis en branle lorsque les variations normales de l'appétit n'ont pas réussi à obtenir la nourriture souhaitable. Quant à la prétention de trouver à la base des autres instincts (sexuel, parentaire, etc.) un noyau analogue de stimulations internes, Skinner montrait admirablement qu'elle ne se satisfaisait chez J. B. Watson qu'au prix d'un abus de mots, comme lorsque cet auteur inclut, sous la rubrique *stimulus* « n'importe quel changement qui se produit dans les tissus, quand, par exemple nous empêchons un animal de se livrer à l'activité sexuelle, de se nourrir, de se construire un nid ». Qu'un changement se produise alors, n'est pas niable. Qu'il s'identifie à un stimulus ou provoque des stimuli, voilà qui reste à démontrer. Plutôt que d'un stimulus interne, c'est d'un *état interne* qu'il conviendrait de parler, analogue dans ses effets sur le comportement à ces autres *états internes* qu'entraînent l'émotion, la fatigue, l'âge, l'imprégnation par les drogues, etc. [1].

Des enquêtes ultérieures devaient identifier cet *état de motivation* à un état d'excitation particulière des centres nerveux, — plus précisément, semble-t-il, de l'hypothalamus, — déterminé, soit par des messages d'origine extéro- ou intéroceptive (c'est là la part de vrai que contient la théorie périphérique), soit par des modifications physiques ou chimiques du milieu intérieur (température du sang; pression osmotique; teneur en sucre; libération d'hormone sexuelle, etc.), soit enfin par un fonctionnement automatique et rythmique des centres eux-mêmes, se perpétuant en l'absence de toute influence extérieure agissant sur eux [2]. Les bases physiologiques de la moti-

[1] B. F. Skinner, *The behavior of organisms*, Appleton, 1938, pp. 375 ss. et 430 ss. On comparera la critique plus récente de R. B. Cattell dans *Personality and Motivation Structure and Measurement*, World Book, 1957, p. 594. L'auteur note, comme Skinner, que le dogme watsonien suivant lequel il n'y a pas de réaction sans stimulus, aboutit à identifier arbitrairement à des stimuli les états de tendance et de besoin, créant ainsi une confusion monumentale entre *stimulus* et *cause*. La science psychologique « suggère qu'il y a des *conditions* internes, comme la baisse lente du niveau du sucre dans le sang en cas de privation de nourriture, qui affectent le comportement souvent d'une façon cyclique ou dans un sens appétitif, et qu'il vaut mieux nommer causes endogènes ou états ou conditions, parce qu'elles résultent de processus intérieurs à l'organisme. Les nommer *stimuli*, c'est simplement identifier la notion de *stimulus* à celle de *cause*, sacrifiant ainsi une possibilité de discrimination. »

[2] Cf. K. Lashley, *Experimental analysis of instinctive behavior*, Psychol. Review, 45 (1938), pp. 445-471; C. T. Morgan, *Physiological Psychology*, McGraw Hill, 1943[1]; F. A. Beach, *A Review of physiological and psychological studies of instinctive behavior in mammals*,

vation s'établissent ainsi à deux niveaux superposés : nerveux central et humoral. On notera, cependant, que, ces bases physiologiques étant élucidées, il y a place pour une *théorie psychologique* de la motivation, faisant intervenir des *constructs* du genre de ceux dont il sera question en notre chapitre III, consacré à l'explication.

Mais l'ouvrage de Skinner avait une portée bien plus vaste encore que celle que nous venons de lui assigner. Il n'aboutissait à rien de moins qu'à réhabiliter, au sein même de la tradition behavioriste, et par le secours de méthodes strictement behavioristes, la notion de comportement *spontané*. Dans les expériences de cet auteur, le rat, enclos dans une cage, peut presser à volonté un levier qui lui délivre une certaine ration de nourriture. La séquence : pression du levier — obtention de nourriture est acquise par essais et erreurs et renforcée par la satisfaction de la faim. Or, quoique le levier soit présent en permanence et joue donc le rôle d'un stimulus continu, il n'est pressé qu'à certains intervalles qui n'échappent d'ailleurs nullement à la légalité scientifique, car, si la seule intervention du stimulus échoue à les expliquer, ils sont fonction de l'écoulement du temps et des variations de l'appétit.

A côté du réflexe classique et du *Respondent Behavior*, déclenché *(elicited)* immanquablement par le stimulus déclencheur *(eliciting stimulus)*, il faut donc faire place à un *Operant Behavior*, spontanément *émis* par l'organisme *en la simple présence* d'un stimulus d'autre sorte,

Psychol. Review, 54 (1947), pp. 240-307; N. TINBERGEN, *The Study of Instinct*, Oxford, Clarendon, 1951; E. STELLAR, *The Physiology of motivation*, Ps. Rev., 62 (1954), pp. 5-22.
Lashley, Morgan (théoricien du *Central Motive State*), Beach (influences des hormones sexuelles sur les centres et l'hypothalamus) ont joué un rôle décisif dans la critique de la théorie périphérique de la motivation, inspirée de Cannon. Tinbergen a mis l'accent sur l'activité rythmique des centres nerveux, indépendante de toute stimulation d'origine externe. Le très bel article de synthèse de Stellar soutient que « la quantité de comportement motivé est fonction directe de la quantité d'activité qui prend place dans certains centres excitateurs de l'hypothalamus », cette activité dépendant elle-même de l'addition d'un grand nombre de stimuli périphériques, de l'activité des centres inhibiteurs de l'hypothalamus, freinant les premiers, de l'influence excitatrice ou inhibitrice des centres thalamiques et corticaux, enfin du milieu biochimique interne, l'hypothalamus contenant des thermo-récepteurs, sensibles à la température du sang, des chemo-récepteurs, sensibles à sa teneur en matières nutritives ou en hormones (faim, activité sexuelle), des osmo-récepteurs, sensibles à sa pression osmotique et teneur en eau (soif), etc. A un niveau plus élémentaire du système nerveux, on sait que les mouvements de la respiration sont commandés par un centre bulbaire, dont l'action est entretenue par le CO_2 du sang.

que nous nommerons : de discrimination *(discriminative stimulus)*. A côté de la fonction de conductivité, traditionnellement attribuée aux centres nerveux, il faut leur reconnaître une fonction d'excitabilité leur permettant d'émettre, et non pas simplement de transmettre, des influx. Ajoutons, enfin, pour être complet — et quoique ceci nous fasse sortir du cadre de cette discussion — qu'à ces deux types de comportements, de stimulations, et d'action nerveuse, correspondent, selon Skinner, deux types différents d'apprentissages, l'un qui s'identifie au conditionnement classique avec substitution de stimuli et signalisation, l'autre à l'apprentissage par essais et erreurs avec intervention de la loi de l'effet [1].

Si les notions dégagées par Skinner, en particulier celles de *comportement spontané* et de *stimulus discriminatif* doivent être considérées comme acquises, peut-être cependant l'exposé qu'en fait l'auteur américain n'échappe-t-il ni à l'équivoque ni à la critique.

On peut présumer d'abord que, même si la nourriture était mise directement à la portée de l'animal sans la nécessité d'un levier à presser, sans doute le nombre et la courbe de ses démarches alimentaires resteraient-ils fondamentalement les mêmes. Il serait cependant difficile de considérer la nourriture elle-même comme un simple *discriminative stimulus*. La vérité est que notre formule générale S → I → R jouerait ici pleinement, étant entendu toutefois que, quelle que soit l'incidence causale de S, la réponse dépend pour une beaucoup plus grande part de I.

---

[1] On peut regretter que, par une confusion analogue à celle qui joue chez Watson sur la notion et le terme de stimulus, Skinner ait cru devoir qualifier ses deux types de comportements du nom de *réflexes*, sous prétexte que tous deux relèvent de la légalité scientifique, et ses deux types d'apprentissage du nom de *conditionnements* pour la raison que tous deux reposent, quoique de manière différente, sur le phénomène de *renforcement*. Dans le conditionnement classique (*conditionnement de type S* selon Skinner), il y a renforcement du stimulus conditionnel par le stimulus naturel (par exemple, du son de cloche par la nourriture), la réaction (par exemple la salivation) passant de l'un à l'autre sans changer de nature. Dans le *conditionnement de type R*, lié à l'*Operant Behavior*, une réaction indifférente à un stimulus indifférent (presser le levier) est renforcée par le stimulus ultérieur (la nourriture) et la réaction qu'il déclenche (manger).

La vérité est que nous avons affaire ici à deux types d'apprentissage complètement différents, et jouant, l'un dans le cadre des conduites à consommation immédiate, l'autre dans le cadre des conduites à consommation retardée et entraînant l'enchaînement de moyens et de fins. Mais ceci supposerait une discussion approfondie des faits d'apprentissage, sur laquelle nous reviendrons plus avant.

Les éthologistes (Lorenz, Tinbergen, etc.) ont montré que, dans des occasions de ce genre, la gamme des comportements possibles s'étale entre deux extrêmes que l'on peut qualifier respectivement de *réactif* et de *spontané*, au sens le plus fort de ces termes. Il arrive que le stimulus, de par son pouvoir d'attrait, suscite dans l'animal initialement neutre une motivation assez forte pour produire la réaction (on pourrait donc parler, au prix d'une contradiction apparente dans les termes, de *stimulus motivant* comme le propose Tinbergen). Inversement, il arrive que la motivation accumulée progressivement dans l'animal se fasse tellement puissante, que les réponses motrices correspondantes déferlent en quelque sorte à vide, en l'absence de tout objet qui les justifierait. Ainsi voit-on des étourneaux en captivité couver des œufs inexistants, fuir un prédateur, courtiser un congénère imaginaire, et jusqu'à chasser des insectes — avec toute la série des opérations enchaînées : observer, attraper, tuer, ingérer, avaler la proie — en l'absence complète de proie ou d'objet pouvant en donner l'idée [1].

Entre ces cas extrêmes prennent place, d'abord toutes les conduites mixtes (pour partie *réactives*, pour partie *spontanées*) où, le stimulus de consommation étant présent, son seuil d'efficacité s'abaisse dans l'exacte mesure où croît la motivation, ensuite les manifestations nettes de *spontanéité*, encore, où, ledit stimulus étant absent, l'animal travaillé par la motivation plutôt que de produire la réaction à vide, ou bien cède à l'agitation motrice ou émotionnelle, ou bien se livre à l'exploration désordonnée ou orientée du milieu, ou bien enfin utilise avec plus ou moins de bonheur les moyens qui s'offrent de le conduire au but.

A ce dernier stade, qui implique un progrès remarquable dans l'évolution psychologique, les conduites se divisent en deux phases

---

[1] Cf. N. TINBERGEN, *The study of instinct*, Clarendon, 1951, pp. 15 ss., 57-62, 73 ss. et 122. Si ces exemples pris dans le domaine de l'instinct peuvent paraître paradoxaux et difficilement croyables, il suffit de les transposer dans le domaine de l'émotion pour qu'ils rencontrent l'expérience de tous les jours. Qu'on pense aux cas antithétiques, d'une part de l'homme parfaitement serein qu'une mauvaise nouvelle plonge dans l'angoisse, et d'autre part du mélancolique qui fait une crise d'angoisse en l'absence de toutes circonstances extérieures la justifiant.

étroitement coordonnées et toutes deux gouvernées par la motivation : l'une de *préparation*, relative aux moyens et sensible aux stimuli de préparation ou d'orientation, l'autre de *consommation*, relative au but, et centrée sur les stimuli de consommation.

En décrivant sous le nom de *comportement appétitif* des enchaînements de conduites de ce genre, les éthologistes ne faisaient que retrouver une vieille idée, émise par Sherrington dès 1906 et dont on ne saurait exagérer l'importance pour la compréhension des faits psychologiques : celle qui oppose aux conduites à consommation immédiate, comme sont les réflexes, les conduites à consommation retardée, caractéristiques de l'instinct [1].

Nous sommes maintenant à même de voir dans les faits décrits par Skinner peut-être un peu plus clair que l'auteur n'y voit lui-même. La pression du levier est une conduite de préparation, spontanément émise par l'animal sous l'effet de sa motivation, en présence d'un stimulus qui n'est discriminatif que parce qu'il est un stimulus de préparation. La distinction des *discriminative* et *eliciting stimuli* développée par Skinner, comme celle des *directing* et *releasing stimuli* présentée indépendamment par les éthologistes [2], se superposent en gros à celle des *stimuli de préparation* et *de consommation*. Traitant le comportement comme une grandeur vectorielle, on peut dire que les premiers n'en déterminent que le *sens*, tandis que les seconds interviennent concurremment, et en proportion variable, avec la motivation, pour en influencer l'intensité.

Il importe, cependant, encore de prendre en considération les cas où, travaillé par la motivation et sentant s'accumuler l'excitation et la tension dans son système neuro-musculaire, l'animal n'est pas à même de recourir à l'enchaînement discriminatif des moyens et des fins. Ce qui prend place alors, ce sont des *réactions de décharge* qui vont de la crise épileptique massive à l'agitation motrice, à la locomotion sans but précis et au jeu, en passant par

---

[1] C. S. Sherrington, *The integrative action of the nervous system*, Yale Univ. Press, 1906[1], 1947[2]; N. Tinbergen, *The study of instinct*, 1951, pp. 104 ss.
[2] Tinbergen, *op. cit.*, pp. 81-88.

toute la gamme des réactions émotionnelles. Dans la mesure où elles se policent et se plient aux suggestions de l'environnement, ces conduites sont gouvernées par des stimuli de discrimination (exemple d'une promenade que l'on fait pour se détendre et non pour gagner un endroit déterminé). Dans la mesure où elles échappent à ce contrôle, elles prennent un caractère explosif qui les apparente à des degrés divers à la crise épileptique. Non reliées aux sollicitations du milieu, dénuées de toute action modificatrice ou constructive sur le milieu, de telles réactions de décharge brute échappent de soi à la *vie de relation*. Si nous continuons de les considérer dans le cadre de cette dernière, c'est d'abord qu'elles mettent en œuvre le système neuro-musculaire, c'est ensuite qu'elles prennent éventuellement (notamment dans l'émotion) un caractère *expressif* susceptible d'alerter les partenaires sociaux, et c'est enfin que, génétiquement, elles fournissent et transfèrent aux réactions plus adaptées la substance même dont elles sont faites, l'aspect *décharge* qu'on vient de voir contemporain des origines, demeurant présent, encore que masqué, dans toute la lignée des conduites [1]. Le plus indiqué serait de parler ici de *précomportement*.

On voit à quel point les réflexions des trente dernières années ont éloigné de la stricte formule S → R et d'une conception expliquant le comportement par la seule action de l'environnement. Les facteurs internes et motivationnels sont toujours présents, et parfois seuls présents (réactions de décharge; réactions émotionnelles; réactions instinctives *in vacuo*). Concurremment avec eux, les facteurs externes peuvent intervenir, soit pour diriger et canaliser le comportement (conduites de décharge contrôlées; conduites de préparation), soit — dans une mesure variable — pour le causer (conduites de consommation). Il existe à côté du comportement *réactif* un comportement *spontané*. Même le comportement le plus nettement réactif implique toujours une part variable,

---

[1] Comme Hebb (*Drives and the C.N.S.*, dans la *Psychological Review*, 62, 1955, pp. 243-254, surtout p. 246), nous considérons que la décharge épileptique peut se comparer à l'explosion globale d'un dépôt de poudre, tandis que le comportement ordinaire correspondrait à « une série organisée d'explosions beaucoup plus réduites ».

sinon de spontanéité pure, au moins d'intervention active de l'Individu.

A vrai dire, l'essentiel de ces conclusions avait été indiqué en pleine période behavioriste (1923) — et avec quel éclat, quelle profondeur, quel bonheur dans les formules — dans le mémorable article de L. Thurstone : *The Stimulus-Response fallacy in Psychology* [1], dont le seul inconvénient, pour notre propos, est de se référer exclusivement aux formes les plus élevées du comportement humain, évidemment les plus imprégnées d'initiative personnelle. A l'étude du comportement illustrée par la formule S → R, Thurstone proposait de substituer celle de la *Personne*, du *Dynamic Self*, s'*exprimant* dans la conduite finale après une longue série d'étapes, les unes mentales, les autres motrices, durant lesquelles les stimuli de l'environnement sont remarqués, choisis ou négligés en fonction du dessein initial [2].

La relation fonctionnelle essentielle est donc celle qui relie, non pas le stimulus à la réponse, mais les tendances et motifs à leur *expression*. « Le stimulus n'est qu'un fait de l'environnement qui détermine partiellement comment exprimer ce qui est déjà en vous. Il est beaucoup plus intéressant pour le psychologue de découvrir les tendances qui cherchent expression que de décrire la conduite

---

[1] *Psychological Review*, 30, 1923, pp. 354-369.

[2] *Le Psychological Act* va de la dissatisfaction à la satisfaction. Les étapes en sont, suivant L. Thurstone, les suivantes :
1. Une *source d'énergie* : motivation, c'est-à-dire dissatisfaction dans le champ de l'un ou l'autre instinct.
2. *Abaissement du seuil d'action* pour les stimuli intéressés, avant l'apparition de tout besoin, désir ou but conscients.
3. Une phase d'*idéation délibérée*, toujours avant que le besoin se fasse sentir explicitement et sans que la personne intéressée se rende compte du rapport, le but de l'idéation étant, cependant, biologiquement de préparer à l'action.
4. Concurremment se font sentir, pour certains instincts, des *stimuli internes* (faim, etc.), plus nettement reliés au but final que l'idéation qui prend place en même temps.
5. *Quête du stimulus externe sur le plan de l'imagination*, ceci impliquant une conscience plus nette du but.
6. *Quête du stimulus externe sur le plan de l'action motrice*, soit dirigée et consciente, soit inconsciente et s'effectuant au hasard par essais et erreurs.
7. Rencontre avec le *stimulus externe*.
8. *Action de consommation* sur ledit stimulus.
9. Conséquences de cette action sur le plan des choses.
10. Satisfaction pour l'auteur de ladite action.

comme constituée simplement de réponses à des stimuli ». « Je suggère, concluait Thurstone, que nous détrônions le stimulus. Il n'est que nominalement le maître en psychologie. Le vrai maître du domaine étudié par la psychologie, c'est l'individu, avec ses motifs, ses désirs, ses souhaits, ses ambitions, ses tendances, ses aspirations »[1]. La situation n'est d'ailleurs pas fondamentalement différente en Biologie où, comme l'a noté Jennings[2], les micro-organismes produisent sans trêve des mouvements spontanés, tant externes qu'internes, et où, même lorsqu'un stimulus intervient, il se borne à libérer une énergie accumulée à l'intérieur de la cellule et toute prête à se dépenser.

De ce magistral exposé, nous retiendrons, outre les confirmations éclatantes qu'il apporte à nos analyses, la place qu'il réserve à l'*expression*, notion fondamentale de la psychologie, intervenant immédiatement après celle de décharge. Peut-être cependant — et c'est là le résultat aussi bien du secteur restreint étudié par lui : l'action humaine, que de l'optique particulière, temporelle et génétique, choisie pour l'étudier — peut-être Thurstone ne réserve-t-il pas la place qu'elle mérite à une troisième notion, celle-là même dont nous étions partis et qui donne tout son sens au comportement et à la vie de relation, vus sous l'angle comparé : celle de *réaction constructive* et d'aménagement de l'environnement.

A ce niveau, le rôle des stimulations d'origine externe apparaît évidemment capital. Comme le note Woodworth[3], « quoique détrônés, les stimuli de l'environnement restent essentiels pour toute action effective sur l'environnement. Sans eux, les réponses *émises* par l'organisme seraient extravagantes et irréalistes ». Nous en revenons donc à la formule d'où nous étions partis :

$$S \to I \to R$$

mais enrichie de toutes les précisions et qualifications recueillies en cours de route.

---

[1] PP. 366 et 364.
[2] *The behavior of lower organisms*, New York, 1904.
[3] *Dynamics of Behavior*, Holt, 1958, p. 36.

Les conduites des êtres vivants constituent le *donné* initial du psychologue, et leur caractérisation exacte sa première tâche. D'après ce que nous venons de dire, l'*explication* de ce donné, les *causes* de ces conduites sont à chercher ensuite, concurremment, dans deux directions :

1° *Du côté des facteurs externes* : Stimuli (orienteurs ou déclencheurs; de préparation ou de consommation), Situations, Objets, bref tout ce qui compose le milieu ou environnement tel qu'il se révèle à l'individu.

Il existe évidemment pour chaque conduite déclenchée un Stimulus ou Objet directement intéressé que l'on peut appeler, avec Cattell [1], *spécifique* ou *focal*. Mais comme le note Cattell encore [2], ce stimulus focal prend place dans une série de contextes de plus en plus amples, et progressivement emboîtés, qui ne laissent pas d'influencer à leur manière, soit directement la réponse, soit l'attitude mentale *(mental set)* qu'elle présuppose. Ils vont de l'ensemble des circonstances transitoires du moment à ces cadres plus stables, plus étalés dans le temps, que constituent la situation vitale, familiale et professionnelle de l'intéressé, enfin le milieu social et culturel où il évolue. Ce dernier point demande un bref commentaire.

Le milieu qui entoure l'individu contient deux sortes de réalités susceptibles de provoquer son action : d'une part, des *choses* inertes, qui se laissent approcher et manipuler sans trop de peine; d'autre part, des partenaires sociaux (ou *socii*) qui réagissent à leur tour aux conduites qui les prennent pour terme et imposent à celles-ci des rectifications sans cesse renouvelées. D'où la notion d'un double environnement, physique et social, et celle, corrélative, d'un double type de conduites, dont les secondes, les conduites sociales, l'emportent incontestablement en complexité sur les premières.

---

[1] *Personality and Motivation Structure and Measurement*, World Book Cy, 1957, pp. 42 et ss.
[2] *Ibid.*

Si la plupart des animaux, mêmes solitaires, pratiquent des conduites sociales, ne fût-ce qu'occasionnellement vis-à-vis des partenaires sexuels ou des ennemis, et si un bon nombre d'entre eux, dits grégaires, vivent en groupes de façon durable, ce n'est qu'aux sommets de l'évolution, chez les insectes et chez l'homme, que ces groupes sont organisés et différenciés en *sociétés*. Et ce n'est que chez l'homme, enfin, que, par suite de l'extraordinaire capacité d'apprentissage, d'expérimentation et d'imitation de ce dernier, lesdites sociétés se caractérisent par ces coutumes et façons de vivre particulières que l'on nomme des cultures [1]. Il faut entendre par ce terme, suivant la définition de Linton, « les configurations de conduites apprises et de résultats de ces conduites, dont les éléments composants sont partagés et transmis par les membres d'une société donnée » [2]. La culture ainsi entendue comprend des éléments apparents *(overt culture)* et des éléments latents *(covert culture)*. A côté des conduites motrices et techniques prennent place les activités internes et mentales. A côté des produits matériels de l'industrie humaine, ces résultantes psychologiques complexes que constituent les attitudes, les systèmes de valeurs, les ensembles de connaissances.

L'influence exercée par le milieu social et culturel sur le jeune enfant qui naît en son sein et est appelé à y grandir, laisse loin derrière elle celle du milieu naturel. Elle opère de deux manières. Au cours des toutes premières années de l'enfance, les pratiques d'éducation et de *nursing* en honneur dans un milieu donné, contribuent, par les réactions répétées qu'elles provoquent, à façonner une *Personnalité de Base* (Kardiner) caractéristique de ce milieu. Dans les années subséquentes, par l'effet d'un système d'enseignement auquel répond, chez l'enfant, une étonnante faculté d'imitation et d'assimilation, la société propose à l'individu,

---

[1] Cf. R. LINTON, *The cultural Background of Personality*, Appleton, 1945. " Between the natural environment and the individual, there is always interposed a human environment which is vastly more significant. This human environment consists of an organized group of other individuals, that is, a society, and of a particular way of life which is characteristic of this group, that is, a culture " (pp. 11-12).

[2] *Ibid.*, p. 32.

pour toutes les circonstances de la vie, une série de modèles qui orientent aussi bien ses activités motrices que ses réactions émotionnelles et ses jugements de valeur.

On se tromperait cependant lourdement en considérant l'individu comme soumis passivement à l'action de son milieu, plus spécialement de son milieu culturel. La vérité est que celle-ci ne s'exerce sur lui que dans la mesure où elle provoque de sa part une intervention active, se matérialisant, comme il a été indiqué à propos de la culture (« configuration de conduites *apprises* ») et comme nous allons le redire dans un moment, en *apprentissage*.

2° La seconde — et la principale — direction de l'explication est celle qui conduit à la détermination des *facteurs internes* responsables du comportement : conditions biochimiques, humorales et endocriniennes de l'organisme; interventions du système neuromusculaire; à un plan plus élevé, qui est celui de la théorie psychologique, et sur lequel il faudra revenir : capacités réactionnelles de l'Individu, aptitudes cognitives et motrices, tendances et instincts, bref tout ce que Mc Dougall range sous la double rubrique des *abilities* et des *propensities* [1].

Nous avons dit que les interventions du système nerveux se situaient à deux niveaux : périphérique et central, dont le second l'emporte considérablement en importance et primauté. Certes, les stimulations périphériques — intéro- et proprioceptives — jouent un rôle notable, mais elles n'interviennent, semble-t-il, qu'à titre supplétif et dérivé. Elles renforcent un processus déjà physiologiquement et psychologiquement en cours (l'*action in progress* dont parle Woodworth) et *préparent* à son issue. Les contractions de l'estomac, génératrices de la faim, sont les mêmes que celles de la digestion. Et les modifications de l'appareil génital, caractéristiques du désir, orientent vers la copulation et l'éjaculation qu'elles appellent.

Les mêmes remarques s'imposent lorsqu'on passe des faits intéroceptifs aux faits proprioceptifs, moins souvent pris en considération, alors que leur rôle est beaucoup plus général. En effet, toute

---

[1] *The Energies of Men*, Londres, 1932.

action déclenchée ou projetée par les centres entraîne, au cours de la phase de préparation, une tension *tonique* des muscles, plus spécialement de ceux d'entre eux qu'intéresse ladite action. Cette tension produit un double effet, l'un *a parte ante*, l'autre *a parte tergo*. Par une sorte de *feedback* et de choc en retour, elle réagit sur les centres et rend la motivation en cours plus puissante et plus urgente : je puis décider de participer à une course avec une propension variable, une fois sur la ligne de départ, j'ai la hâte et le désir intense que soit donné le signal. D'autre part, la tension achemine à la réponse motrice et trouve dans les contractions cloniques qu'elle comporte, tant son utilisation que sa décharge [1].

On comprend, au point où nous sommes, le sens exact de cette notion de *décharge* dont nous avons indiqué précédemment la généralité d'application. Tension et décharge, ces termes corrélatifs employés si souvent dans le vague par les psychologues, comportent, en réalité, une signification physiologique précise. Ils correspondent aux deux sortes de contractions dont sont passibles les muscles du système strié, les unes, durables et consommant peu d'énergie, les contractions toniques, les autres, explosives et coûteuses, les contractions cloniques. Ajoutons que si ces dernières sont à la base des mouvements et des actions, les premières fournissent à ce que l'on nomme les *attitudes* leur substrat neuro-musculaire. Il y a donc équivalence de fait entre les schémas :

contractions toniques → contractions cloniques
tension → décharge
attitude → action.

Mais on n'oubliera pas que les termes de la première colonne, s'ils jouent par un effet en retour un rôle motivant, se situent en principe du côté de la réponse et résultent de commandes centrales [2].

---

[1] Cette analyse permet de discerner ce que comporte de vrai, mais aussi d'excessif, la théorie bien connue de W. James, qui identifie l'émotion, phénomène conscient, avec la prise de conscience de ses manifestations périphériques.

[2] Sans entrer dans les nombreuses discussions suscitées par le concept d'attitude, nous noterons notre accord avec la définition qu'en donne L. W. Doob (*The behavior of attitudes*, — *Psychol. Review*, 54, 1947, pp. 135-156) : " an implicit, drive producing response, considered socially significant in the individual's society " (p. 136). Doob ajoute que l'attitude est " both (a) anticipatory and (b) mediating in reference to patterns of overt responses " (*ibid.*).

On ne s'étonnera pas, d'autre part, que, vu la double relation qui l'unit à la motivation et à l'action, le moment de pause qu'elle introduit entre elles, enfin, la mise en forme de l'organisme à quoi elle procède, l'attitude revête un caractère *expressif* privilégié.

Une remarque finale doit être formulée concernant les *capacités* et *tendances* qui interviennent au troisième niveau de l'explication, celui de la théorie psychologique. Ces facteurs internes se scindent en deux groupes. Les uns sont innés et liés à la *constitution* de l'individu quoiqu'ils puissent n'émerger que progressivement dans son comportement, mais par un processus de *maturation* interne qui ne doit rien aux circonstances extérieures. Par exemple, chez le carnassier, la tendance à manger à certains intervalles, et la capacité (non présente à la naissance, mais non apprise et résultant de la simple maturation) de poursuivre et d'attraper sa proie.

Les autres sont *acquis* par *apprentissage* et résultent des rencontres antérieures qu'a faites le sujet avec certains objets ou situations (on voit que le milieu ne laisse pas d'intervenir ici partiellement, donnant à ces facteurs acquis une sorte de caractère mixte), de la façon dont le sujet a alors réagi à ces situations, de la satisfaction ou dissatisfaction qu'il en a éprouvées (loi de l'effet), enfin des traces que ces réactions passées ont laissées dans son psychisme actuel sous forme d'*habitudes*. A côté des capacités et besoins innés (et sur la base, à vrai dire, de ces derniers), il faut donc faire une place aux capacités et besoins acquis. Pour ne citer que quelques exemples : à la construction de la toile par l'araignée s'oppose la construction de sa hutte par le primitif, au système de communication des abeilles le langage humain, enfin à l'attrait indifférencié pour les partenaires de l'autre sexe la passion amoureuse concentrée en un seul.

Comme l'animal, et surtout l'homme, ajoutent aux quelques conduites fondamentales qui leur sont imposées par la nature, un énorme stock de conduites apprises, on peut dire qu'à chaque situation qui s'offre actuellement à eux, ces vivants réagissent en fonction, non seulement de leur constitution biologique et psychologique, mais de toute leur expérience antérieure, de leur imprégnation sociale et culturelle et de leur longue histoire individuelle. Ce qui les meut, ce ne sont plus, purement et simplement, des orientations innées et instinctives, mais — suivant l'heureuse expression de Dalbiez — des *tendances instinctivo-habituelles*.

Parvenu à ce point, on conçoit que deux voies différentes s'offrent à l'investigation psychologique : l'une qui conduit à chercher dans le passé de l'individu la genèse progressive de ses modes de réaction actuels (c'était déjà, on s'en souvient, quoique limitée dans son propos, la perspective de Thurstone); l'autre qui prend l'individu tel qu'il est à un moment donné sans se préoccuper de savoir comment et pourquoi il est devenu tel, mais seulement de préciser exactement les facteurs actuels, externes et internes, qui conditionnent ses réactions. La première direction, historique et génétique, a été popularisée par Freud et la psychanalyse. La seconde, *ahistorique* en principe, est celle où s'est placé Lewin [1].

[1] Il vaut la peine, pour illustrer ce qui vient d'être dit de la vie de relation, de rappeler les tentatives faites par cet auteur, non seulement pour mesurer les termes en présence S-I-R, mais encore pour représenter graphiquement le jeu de leurs interrelations par des modes de notation empruntés à la topologie, d'une part, à la mécanique vectorielle, de l'autre. (Voir : *Principles of Topological Psychology*, McGraw Hill, 1936, et *The Conceptual Representation and Measurement of Psychological Forces*, Contr. Psychol. Theor., I, n° 4, 1938). La structure générale de l'environnement, la localisation respective des objets de satisfaction, des barrières et des obstacles, la place de l'individu dans l'environnement, le tracé des locomotions possibles, tout cela est passible, en principe, de représentation géométrique, ou plus exactement, topologique. Mais cette représentation reste insuffisante aussi longtemps que nous n'incluons pas dans nos schémas la notation des forces qui suscitent et expliquent ces locomotions : les besoins *(needs)* et systèmes de tension *(psychological tension systems)* de l'animal, ainsi que les *valences*, positives ou négatives, que revêtent par voie de conséquence les éléments de l'environnement en relation avec eux. — Ces forces peuvent être conçues sur le modèle de celles dont traite la physique et comportent les trois mêmes caractéristiques : intensité, direction, point d'application. Comme elles, elles peuvent être représentées géométriquement par des vecteurs orientés, dont la longueur est proportionnelle à l'intensité de la force. Prenons comme exemples trois types possibles de conflits où des forces de sens contraire s'équilibrent : conflit entre deux objets de satisfaction qui s'excluent (A); conflit entre deux objets ou situations également rebutants (B); conflit entre composantes favorables et défavorables d'un même objet ambivalent (C). Les schémas respectifs seraient :

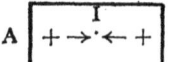 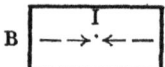 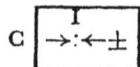

4. — Développement de la vie de relation

1° Les conduites de locomotion et de préhension par où nous avons commencé notre étude, sont dans le prolongement direct des manifestations de contractilité et de motilité qui se font voir déjà dans la cellule. Elles composent en psychologie — avec certaines réactions d'un type plus élémentaire, telles que les réflexes, — le vaste groupe des conduites dites *motrices*. Nous allons voir qu'à mesure qu'on s'élève dans la hiérarchie animale, d'autres modes d'agir, passablement plus complexes, se font jour, dans lesquels cependant une analyse attentive continue de déceler les caractères fondamentaux qui les rattachent à la vie de relation.

2° Confronté avec certaines situations telles que le succès, l'échec, le deuil, l'interférence, la menace, etc., l'homme, et partiellement l'animal, réagissent par des manifestations d'un type singulier : la joie et le rire, l'angoisse, les larmes et les sanglots, la crise de colère ou de peur. Ces réactions *émotionnelles*, comme on les appelle, reposent, comme les précédentes, sur l'activité du

---

Le trait continu extérieur indique que l'Individu ne peut s'échapper de la situation. A supposer qu'une ouverture soit ménagée dans cette *barrière*, on peut prévoir que l'Individu s'y engagerait dans B, tandis que les cas A et C resteraient à discuter.

Parfaitement adapté à la schématisation des conduites de locomotion dans un espace physique, le mode de représentation lewinien a été, ensuite, adapté par son auteur (au prix de prouesses d'ingéniosité non toujours convaincantes) à la description de situations psychologiques plus complexes où l'*espace vital (life space)* psychologique et phénoménologique de l'Individu ne coïncide plus qu'imparfaitement avec l'espace physique et où les réactions qu'il y produit, ne peuvent plus être dites des locomotions qu'en un sens métaphorique et dérivé. Au rebours de l'*environnement*, simple lieu géométrique des locomotions possibles (" everything in which, toward which or away from which the person can perform locomotions, is part of the environment "), l'*espace vital* inclut dans sa notion, outre l'environnement, la personne même et ses interrelations avec l'environnement (" The life space (L) represents the totality of possible events. The life space includes the person and the environment (P, E). It can be represented by a finitely structured space ". D'où la formule : B(ehavior) = f (L) = f (P, E)). La notion d'espace vital, enfin, conduit à la notion de *champ psychologique (Psychological Field :* " Space conceived as having a certain characteristic at every point "). Confronté avec le problème de la représentation topologique et vectorielle de l'*espace vital*, Lewin s'est préoccupé alors de noter diverses dimensions caractéristiques de ce dernier : la dimension réalité-irréalité, la dimension temporelle, etc. Ajoutons, enfin, que la personne elle-même, dans son organisation complexe avec ses couches superficielles et profondes, ses faces externe et interne, ses zones de différenciation et d'indifférenciation, se prête également à la représentation topologique.

système nerveux et de ses annexes périphériques : récepteurs sensoriels, d'une part, effecteurs musculaires, de l'autre. Tout au plus doit-on noter que la réponse très complexe intéresse ici, non seulement (par son double caractère de tension et de décharge) les muscles striés qui servent à la vie de relation, mais encore les muscles lisses des viscères ainsi que les effecteurs glandulaires, soit externes (glandes lacrimales), soit internes (glandes salivaires), soit enfin endocrines (médullo-surrénales).

Cette triple réponse musculaire, viscérale et glandulaire intéresse-t-elle la vie de relation? Une étude approfondie des réactions émotionnelles montrerait que, si elles ne changent rien au monde des objets et laissent l'environnement dans l'état physique où il se trouvait, elles impressionnent fortement par leur caractère *expressif* les partenaires sociaux qui en sont les témoins. Il s'agit donc ici d'une forme *sociale* de la vie de relation, modifiant les dispositions des *socii* et intervenant chaque fois que des collaborations d'un type plus raffiné se révèlent impossibles (par exemple, chez le tout jeune enfant, ou chez l'individu perdu dans une foule).

3º Sur la base du *cri* inarticulé, ingrédient parmi d'autres, de la réaction émotionnelle, l'homme s'est, par un processus d'expérimentation et différenciation *ludique*, constitué un répertoire de sons *articulés* ou phonèmes. Ces phonèmes, à leur tour, ont donné naissance aux morphèmes et aux phrases, éléments constituants du langage. Bien plus souvent qu'il n'agit avec ses membres sur les choses, ou communique avec ses semblables par des attitudes expressives, l'homme parle et « est parlé ». Et le résultat, obtenu avec une considérable économie d'effort et de dépense énergétique, ne peut que surprendre par son efficience accrue. Un bref échange de propos évite des locomotions interminables ou des manipulations épuisantes. Il établit, d'autre part, entre *socii* une communication autrement délicate et adaptée que ne feraient des contagions ou sollicitations émotionnelles, toujours massives et imprécises.

On voit que les conduites *verbales* satisfont à toutes les conditions de la vie de relation, plus particulièrement sous son aspect social. Il est à peine besoin de dire qu'elles font, comme les autres, intervenir le système nerveux, relié ici, d'une part, au récepteur auditif, d'autre part aux muscles de l'appareil phonateur, infiniment plus ténus et consommant beaucoup moins d'énergie que les muscles moteurs des membres.

4° Il est des conduites motrices *qui ne sont que motrices*. Chez l'animal, en tout état de cause, nous sommes forcés de les traiter invariablement comme telles, en tout cas au niveau de la description (sinon de l'explication). Il en est d'autres dont nous savons par expérience interne qu'elles s'accompagnent *chez nous* de toute une gamme de phénomènes d'un ordre très particulier, phénomènes *cognitifs* (sensation, perception, imagination, souvenir, conception, jugement, raisonnement, réflexion), *affectifs* (satisfaction, dissatisfaction, irritation, déception), enfin *conatifs* et *volitifs* (désir, aversion, volonté, décision). Les conduites émotionnelles ont de même fréquemment, — quoique non obligatoirement — une face interne affective. Enfin le langage lui-même a pour substrat un certain contenu mental, et il peut d'autre part s'amenuiser progressivement en langage intérieur. Ce phénomène d'intériorisation constitue, d'ailleurs, un aboutissement ultime de maintes conduites à leur dernier stade d'évolution. Au lieu de faire face avec nos membres à une situation embarrassante qui pose un problème, nous résolvons ce problème « dans notre tête ». Au lieu de manipuler des choses réelles, nous pratiquons toutes sortes d'actions et expérimentations mentales sur leurs substituts internes : images, symboles, signes, notions, idées. Bref, *nous pensons*, et ces faits de pensée nous mettent en présence d'un nouveau et quatrième type de conduites, dites *psychiques, conscientes* ou *mentales*, et conçues comme faisant intervenir, par-delà l'organisme et le système nerveux, un *psychisme*, une *conscience* ou un *esprit*.

Il est inutile de déguiser que l'intrusion de tels phénomènes dans le champ de son étude complique singulièrement la tâche du psychologue. Conduites motrices, émotionnelles et verbales présentent en commun un aspect matériel, spatial et objectif, qui les apparente aux phénomènes dont traitent les autres sciences naturelles (physique, chimie, biologie) et les rend justiciables des mêmes méthodes d'analyse et de contrôle par plusieurs observateurs. La pensée, au contraire, échappe en apparence à la matière, à l'espace, à la mesure, et elle ne se révèle directement qu'à celui qui pense à l'exclusion de tout autre.

C'est pourquoi certains théoriciens, sur lesquels nous allons revenir, ont proposé de négliger ces faits de pensée, et de construire toute la psychologie sur l'étude exclusive des conduites objectivement observables : motrices, émotionnelles et verbales. Mais peut-on dire d'un homme, immobile, calme et silencieux, occupé à réfléchir intensément à un problème, qu'*il ne fait rien* — et *rien qui intéresse le psychologue ?* Mieux vaut prendre notre parti de la difficulté qui se présente à nous et traiter les conduites mentales comme l'un de ces *irrationnels* auxquels se heurte le savant à diverses étapes du développement de la science, qu'il est impossible au savant de déduire, mais que — sous peine d'infidélité au réel — il lui est interdit de négliger.

Il est d'ailleurs clair que les conduites mentales répondent à toutes les exigences de la notion de vie de relation. Il n'y a pas de pensée qui ne s'origine à quelque contact sensoriel avec l'environnement, pas de pensée qui ne se résolve finalement en applications pratiques, pas de pensée enfin qui ne suppose pour s'exercer la mise en activité de tout un réseau de cellules nerveuses centrales, reliant les neurones récepteurs aux neurones moteurs [1].

La pensée apparaît ainsi comme une phase particulière du développement des conduites, venue s'intercaler entre l'action du stimulus et le déclenchement de la réponse terminale. C'est une réponse préalable, inchoative et incomplète, survenant, non dans tous les cas (car nous avons dit qu'il existe de nombreux exemples de réponses motrices pures) mais dans ceux-là justement qui font

---

[1] Dans cette perspective, la pensée représenterait en quelque sorte la face interne et consciente des processus nerveux, souvent très compliqués, qui se déroulent entre la réception du Stimulus et le déclenchement de la réponse motrice. A la différence des autres conduites, essentiellement *neuromusculaires*, elle ne supposerait qu'un substratum *nerveux*. Il n'est, cependant, pas sûr que, même dans ce cas, des composantes musculaires, au moins inchoatives ou évanescentes, ne soient impliquées. On consultera sur cette question, très discutée dans les milieux de l'Université *Cornell*, qui poursuit ici certaines enquêtes de l'Ecole de Wurzbourg : L. JACOBSON, *Progressive Relaxation*, Chicago, 2ᵉ éd.,

difficulté et pour lesquels un circuit nerveux n'est pas automatiquement préétabli, non plus qu'une réponse motrice n'est immédiatement prête. « Aussi bien la considération du développement mental des animaux que l'observation de l'enfant et de l'homme, amènent à cette conclusion que la conscience ne survient que lorsque l'adaptation de l'individu ne se fait pas automatiquement, lorsque quelque difficulté se présente qui l'oblige à tenir compte de circonstances subjectives ou objectives par un processus spécial qui est justement le processus caractérisé par un jaillissement de conscience »[1]. C'est dans un sens analogue que Jean Delay a proposé d'identifier *conscience* et *vigilance*, étant entendu qu'entre

---

1938; G. L. FREEMAN, *op. cit.*; G. HUMPHREY, *Thinking, An Introduction to Its Experimental Psychology*, Methuen, 1951 (en particulier pp. 185-216 : *Thought and Motor Reactions*); enfin K. LASHLEY, *The Problem of Serial Order in Behavior*, dans L. A. JEFFRESS, *Cerebral Mechanisms in Behavior*, Wiley, 1952. Des méthodes de recherche variées, et d'ailleurs inégalement raffinées et précises (introspection; mesure de la déformation des tendons par un système d'amplification dans un miroir; enregistrement des courants d'action dans les muscles; notation des plus menus mouvements de la langue) suggèrent, semble-t-il, les conclusions suivantes :

1° La représentation imaginative ou mnémonique d'un mouvement ou d'un acte implique ou entraîne l'apparition de courants d'action dans les muscles intéressés.

2° L'image ou le souvenir visuel ou auditif s'accompagnent d'un rudiment d'activité des muscles de l'œil ou de la région de l'oreille.

3° La pensée et le langage intérieur s'accompagnent fréquemment, sinon toujours, de légers mouvements des muscles de l'appareil phonateur et de la langue. Ces mouvements sont surtout indispensables chez les moins intelligents des sujets. A intelligence égale, les résultats de l'activité de pensée sont meilleurs, s'ils sont présents.

4° L'activité mentale, en général, suppose ou entraîne une tension musculaire généralisée.

Ces faits étant acquis, il reste à les interpréter. La composante musculaire joue-t-elle ici le rôle de cause (concurremment avec les processus nerveux qui la déclenchent) ou simplement d'effet, en principe, facultatif et secondaire? L'avis de Lashley est que, sauf dans les cas de hâte ou d'excitation, " internal speech may be carried out wholly by process within the nervous system, with some unessential discharge upon the final common path for vocal movement " (p. 121). Ainsi la pensée pure, distraite du couple pensée-mouvement, correspondrait-elle à un processus purement nerveux, distrait du couple : phénomène nerveux - phénomène musculaire.

[1] CLAPARÈDE, *Psychologie de l'enfant et pédagogie expérimentale*, Genève, 1925, p. XXXIV. Cf. de même R. LINTON, *The cultural Background of Personality*, Appleton, 1945, pp. 58-99 : " The mechanisms and processes involves in thinking are complex and poorly understood, and we need not attempt to discuss them there. As they relate to the development of new behavior, they apparently involve anticipation of the result of various acts and the inhibition of those which will be ineffective. This process has been called *symbolic trial and error*. While such a definition probably errs on the side of oversimplification, it expresses the functional aspect of the process fairly well. Thinking is certainly a substitute for overt trial and error, and one which performs the same functions with a lesser expenditure of time and energy. "

l'inconscience totale du réflexe et du coma et la conscience tendue au maximum de l'homme concentré dans l'accomplissement d'une tâche, toute une gamme de degrés et de modes divers se font voir dans l'état d'esprit du détendu, du distrait, du rêveur, du somnambule, du drogué, de l'épileptique, ou — plus simplement — de l'individu livré à un paroxysme émotif : colère, peur, éréthisme sexuel.

Le problème de la conscience s'est davantage compliqué encore, depuis que les théoriciens de l'hypnotisme et de la psychanalyse ont révélé l'existence de phénomènes psychiques *subconscients* ou *inconscients*.

Renvoyant au chapitre suivant une discussion approfondie de ces faits et des problèmes qu'ils posent, disons simplement ici que, s'il nous est arrivé jusqu'à présent de traiter les termes : *psychique*, *mental* et *conscient* comme interchangeables, il existe cependant une sorte de conscience au second degré par laquelle sont saisis et pris en considération les phénomènes conscients du premier degré. Désirer un objet est, de soi, une opération psychique, qui implique la conscience de cet objet. Ce que l'on sait maintenant, c'est que l'on peut désirer un objet, *en ayant* ou *en n'ayant pas conscience qu'on le désire* [1].

Nous ne pouvons terminer cette brève et provisoire caractérisation des conduites mentales sans insister sur l'un de leurs caractères les plus surprenants : celui de leur prodigieuse efficience, contrastant avec la réduction, poussée au maximum, des dépenses énergétiques qu'elles imposent. Déjà nous avions vu l'émotion, et surtout le langage, décupler les moyens d'action de l'individu, tout en allégeant considérablement ses fatigues. Au prix d'une simple circulation d'influx dans l'épaisseur de la substance cérébrale, phénomène d'une ténuité extrême et consommant très peu d'énergie, la pensée dilate l'environnement jusqu'aux dimensions du cosmos,

---

[1] Voir sur cette question R. DALBIEZ, *La méthode psychanalytique et la doctrine freudienne*, t. II, ch. I, Paris, Desclée, 1936. Comme le note quelque part B. Russell, nous nous trouvons ici devant une ligne de partage entre l'homme et l'animal, lequel ne possède apparemment que la conscience du premier degré.

non seulement actuel, mais aussi bien passé que futur. Elle conduit d'autre part à des applications pratiques qui finissent par en bouleverser complètement la face. Les grandes inventions religieuses, métaphysiques et artistiques ont transformé et recréé le monde social, et les découvertes techniques, à leur tour, le monde de la matière.

Mais là n'est peut-être pas le plus étonnant. S'il est vrai qu'aux origines, les fonctions de connaissance permettaient à l'animal de s'orienter par l'établissement de « cognitive maps » (Tolman) et se subordonnaient donc à la locomotion, elle-même préposée à la satisfaction des besoins biologiques, une ultime libération ludique, couronnant celles que nous avons antérieurement signalées, a permis à la pensée de se déprendre de l'action, et à la connaissance de s'exercer gratuitement « pour le plaisir ». L'homme a cherché à savoir pour savoir, mû par une curiosité désintéressée. En lui, produit ultime de l'univers, l'univers a pris conscience de lui-même. Et cette conscience a créé pour lui des responsabilités et des devoirs d'un type nouveau, qui échappent complètement au reste des vivants.

5. — Psychologie de conscience et behaviorisme

Quoique le débat de la psychologie de conscience et du behaviorisme ait perdu pas mal de son acuité, il reste indispensable d'en dire ici quelques mots.

On comprend que la philosophie, et surtout la philosophie idéaliste qui sévit depuis Descartes, ait manifesté un grand intérêt pour ces processus de connaissance et de pensée qui viennent de retenir notre attention. La psychologie scientifique à ses débuts a pâti de cette influence et tendu à se définir, à l'époque de Wundt, de Ribot et de Titchener, comme la « science des phénomènes mentaux » ou — plus malheureusement encore — comme la « science des états de conscience ». La seule différence était que, tandis que les philosophes expliquaient ces phénomènes par l'intervention de *facultés* constitutives de l'*esprit* (sensibilité, mémoire, intelligence, volonté), la psychologie scientifique a cherché leur cause dans les phénomènes neurophysiologiques sous-jacents. La *psychologie de conscience*, comme on l'appelle, se construit donc en deux temps : *description* des faits de conscience, saisis par introspection; *explication causale* par la physiologie. En guise de justification théorique, elle propose la thèse du *parallélisme psycho-physiologique*, ou plus radicalement encore celle de la *conscience épiphénomène*.

On n'en finirait pas d'énumérer les inconvénients soit théoriques, soit méthodologiques, de cette conception.

1° Elle mutile le domaine de la psychologie et en exclut le mouvement, le réflexe, les conduites de l'animal, du jeune enfant, voire du malade mental et du sauvage, réservant tout son intérêt, comme on l'a dit, pour le cas de l'*homme adulte, blanc, civilisé*. Même chez ce dernier, il est quantité d'exemples de conduites dont on ne peut dire avec précision si elles sont, ou non, accompagnées d'activité mentale (outre toutes celles qui ne le sont sûrement pas). Et que faire de ces états si multiples et si variés qui diversifient la conscience et apparaissent entre le coma, d'une part, et la concentration intelligente de l'autre?

2° Ce qui est plus grave encore, la psychologie de conscience a hérité des illusions des philosophes concernant le caractère gratuit et comme purement spéculatif des faits de pensée; elle n'a pas compris que ces derniers constituaient originellement une phase déterminée du déploiement des conduites, intermédiaire entre la réception du stimulus et la production de la réponse, et n'apparaissant d'ailleurs qu'à un certain niveau d'évolution et de complication des dites conduites. Coupé de ses connections avec l'action, l'*état de conscience* est traité en réalité autonome et autosuffisante, sans nécessité ni efficience, et dès lors — par un aboutissement qui n'a de paradoxal que l'apparence — assez justement jeté par-dessus bord comme *épiphénomène*. Bref, il a manqué à la psychologie de conscience une vue cohérente de la *vie de relation*.

Ces méprises qui vicient la description, ont forcément leur contrecoup au niveau de l'explication. C'est la conduite dans son ensemble qui doit être mise en parallèle avec le processus neurophysiologique global, et non point un fragment arbitrairement isolé de l'une avec un segment non moins artificiellement découpé dans l'autre.

3° Enfin la psychologie de conscience, surtout sous son aspect philosophique, éloigne la psychologie des autres sciences naturelles, en ce qu'elle lui impose une méthode complètement différente des leurs : l'introspection ou observation *subjective*, rebelle par beaucoup de côtés au contrôle, et sujette à quantité d'aléas et d'incertitudes, sur lesquelles nous reviendrons.

On comprend qu'une conception aussi ruineuse n'ait pas tardé à provoquer des oppositions décidées. Celles-ci se sont manifestées, comme il est naturel, chez les physiologistes (Sherrington, Pavlov, Bechterev), chez les praticiens de la psychologie et de l'éthologie animales (Beer, Bethe, von Uexküll, Loeb, Thorndike, Watson, Bohn, Piéron), chez les psychologues de l'enfant (Watson) ou de l'anormal (Mc Dougall, Janet). Tous ces auteurs sont mus, en commun, par le souci de constituer une psychologie *objective*, intéressée aux conduites plus qu'aux états de conscience, et fondée sur l'observation extérieure plutôt que sur l'introspection. Très influencés, d'autre part, par Darwin et ses concepts d'adaptation, de sélection naturelle et de lutte pour l'existence, ils substituent aux hypothèses *physiologiques* étriquées de l'âge antérieur des explications de type *biologique*, qui présentent la conscience et le comportement en général comme des fonctions de la vie. Quoique ces tentatives de psychologie objective aient vu le jour à peu près simultanément en Allemagne, en Russie, en France et aux Etats-Unis, et que les formulations les plus profondes qui en ont été proposées, soient probablement l'œuvre d'Européens (notamment de Mc Dougall et de Janet) [1], c'est l'Amérique qui a joué un rôle majeur dans leur diffusion. Déjà au *structuralisme* de Titchener, importé d'Europe et florissant à Cornell, n'avait pas tardé à s'opposer dans les dernières années du XIXᵉ siècle le *fonctionnalisme* de W. James, de J. R. Angell et de l'école de Chicago. Il était réservé à leur élève J. B. Watson de progresser beaucoup plus avant dans la voie ainsi tracée et de

---

[1] Cf. Mc DOUGALL, *Psychology, a Study of Behavior*, Londres, 1913, et JANET, *De l'angoisse à l'extase*, t. I, Paris, 1926, pp. 202 ss.

donner, à ce que l'on a appelé depuis lors le *behaviorisme*, son nom, son programme et sa notoriété [1].

La psychologie se définit, suivant Watson, comme l'étude des réactions de l'organisme global *(as a whole)* au milieu où il évolue, réactions qui prennent le nom de comportement *(behavior)* et se distribuent dans les trois classes (où l'on reconnaîtra sous d'autres noms les trois premiers groupes de conduites que nous avons nous-même distingués) de réponses *manuelles, viscérales* et *verbales*. Quant aux réponses mentales, non seulement Watson les exclut du champ de la psychologie, mais, avec une fougue d'iconoclaste que l'on trouvera, suivant l'humeur, réjouissante ou exaspérante, il leur dénie toute réalité d'aucune sorte et met au défi ses opposants de lui en faire voir ou toucher des exemples.

On a reproché à cette conception d'enlever à la psychologie son objet le plus caractéristique, les faits de conscience, et de ramener cette discipline au niveau d'une physiologie quelque peu élargie. Rien n'est plus injuste que ce reproche. Il est clair, au contraire, que Watson est dominé par un sentiment aigu de la spécificité des faits psychologiques; c'est à lui que la psychologie doit d'avoir pris définitivement conscience de son objet : le comportement ou vie de relation, et la distinction que Tolman a développée dans la suite entre réactions *moléculaires* (d'ordre physiologique) et réactions *molaires* (intéressant, elles, le psychologue) prolonge sans aucun doute la pensée la plus authentique du père du behaviorisme.

L'exemple de Tolman, disciple d'intention de Watson (non moins que maints embarras et subterfuges de Watson lui-même) montre, cependant, combien il est difficile de construire une psychologie d'où les activités mentales seraient intégralement proscrites (fût-ce au simple titre d'*intervening variables*). Et nous avons noté nous-même chemin faisant, à quel point ce serait faire violence aux faits et amputer le réel que de déclarer d'un homme qui connaît,

---

[1] *Psychology as the Behaviorist Views it, Psychol. Rev.*, 20 (1913), pp. 158-177; *Behavior, An Introduction to Comparative Psychology*, Holt, New York, 1914; *Psychology from the Standpoint of a Behaviorist*, Lippincot, Philadelphie, 1919; *Behaviorism*, Norton, 1925; cf. P. NAVILLE, *La psychologie, science du comportement*, Gallimard, 1942 et A. TILQUIN, *Le Behaviorisme*, Paris, Vrin, 1943.

qui sent, qui veut, etc., qu'*il ne fait rien*, et rien qui intéresse la vie de relation. Force est donc, à l'exemple de Mc Dougall, de Janet et de Tolman, d'assouplir quelque peu la notion de *comportement* et d'inclure dans son extension, outre les trois groupes de conduites distingués par Watson, ce quatrième groupe des conduites mentales, qu'un esprit de système excessif lui interdisait de prendre en considération. Il est bien entendu que la cohérence du système y perd, comme aussi la pureté de la psychologie dans son statut de science naturelle. Mais lorsqu'un conflit intervient entre la systématisation scientifique et le réel qu'elle prétend mettre en formules, c'est au système qu'il appartient de céder.

C'est dans ce sens élargi que la notion de comportement a fini par s'imposer à l'unanimité des psychologues, s'il est exact comme le déclarait M. Michotte au Congrès de Paris (1937), que tous sont dorénavant d'accord pour définir leur science la *science du comportement*.

Vraie en 1937, cette remarque le reste sans doute après trente ans écoulés, quoiqu'on ait assisté depuis lors à une sorte de retour offensif de la psychologie de conscience, déguisée et habillée de neuf en *phénoménologie*. Mais nous dirons au chapitre suivant, que si l'analyse phénoménologique des conduites a sa place légitime dans l'ensemble des méthodes qui s'attaquent au comportement, elle laisse intacte la nature profonde de ce dernier, système des réponses par lesquelles le vivant pluricellulaire, alerté par le milieu, modifie celui-ci dans un sens, d'abord favorable au déroulement des processus vitaux, ensuite, et éventuellement, ludique et créateur.

CHAPITRE III

LES MÉTHODES
DE LA PSYCHOLOGIE

Les méthodes de la psychologie sont celles des sciences dites *inductives*. Elles tiennent dans les quatre opérations fondamentales d'observation, d'expérimentation, de mesure et d'explication. Les trois premières visent, en principe, à la *description* aussi exacte que possible du *donné*. La quatrième cherche à l'*interpréter* par le moyen d'une *hypothèse explicative* ou d'une *théorie*. Quoique l'ordre où nous venons de les énumérer soit leur ordre logique de succession, il s'en faut que celui-ci soit invariablement respecté dans les démarches concrètes du savant. La règle est, au contraire, qu'une observation occasionnelle pose un problème et suggère une hypothèse explicative. Une expérience très précise, imaginée à cette fin, permettra de vérifier ou d'infirmer cette hypothèse. Dans les cas où l'expérimentation est impossible ou seulement partiellement praticable (comme par exemple en astronomie ou en économie politique), l'analyse statistique des événements *in situ* suppléera à l'intervention active et au contrôle de l'expérimentateur. Dans l'une et l'autre voie (d'ailleurs souvent confondues, comme nous le verrons, dans la pratique concrète), un va-et-vient constant s'effectue entre l'exploration du donné et l'élaboration de la théorie [1].

1. — L'observation en psychologie

Toutes les sciences de la nature, qu'elles aient nom Physique, Biologie ou Psychologie, commencent par observer le *donné* particulier qu'elles ont pris pour objet d'étude, cette observation du savant ne différant de la simple inspection du curieux ou du praticien empiriste que par son caractère systématique et son souci de contrôle. Citons, à titre d'illustration, dans le cadre de la psychologie :

1° L'observation des animaux — des innombrables espèces d'animaux — dans leur milieu naturel, menée, avec quelle patience et au prix de quel labeur accumulé! par les praticiens de l'*éthologie animale*.

2° Les enquêtes de l'*anthropologie sociale* ou *culturelle* sur les sociétés différentes de la nôtre, leur mentalité, leurs coutumes, leurs mœurs, leurs comportements particuliers.

3° L'observation des enfants libres d'évoluer et de jouer à leur guise sans interférence ni question de la part du psychologue et sans même que la présence de ce dernier se révèle à leur attention (écrans transparents dans un seul sens).

4° L'observation des réactions émotionnelles chez les adultes, et des *mouvements d'expression* qui en constituent des manifestations atténuées. Certains de ces mouvements — ceux de l'écriture — laissent une trace durable qui peut être après coup inspectée à loisir. C'est la justification, au moins de principe, de la graphologie.

5° L'observation de longue durée, *longitudinale* ou *développementale (developmental)* d'un sujet ou d'un petit nombre de sujets

---

[1] On consultera : T. G. ANDREWS, *Methods of Psychology*, Wiley, 1948 (tr. fr. P.U.F.); C. E. OSGOOD, *Method and theory in experimental Psychology*, New York, Oxford Un. Press, 1953; C. W. BROWN - E. E. GHISELLI, *Scientific method in Psychology*, McGraw Hill, 1955; L. FESTINGER - D. KATZ (ed.), *Research methods in the behavioral Sciences*, Dryden, 1953.

tout le long de la courbe de leur vie ou d'une période de leur vie (enfance, adolescence, etc.). Ou encore, faute de mieux, la reconstruction hypothétique, effectuée après coup, de cette courbe sous forme de *case history*. Ces études longitudinales supposent forcément une sélection, qui repose sur une certaine idée *a priori* de l'observateur. C'est dire qu'elles ne se contentent pas simplement de *décrire*, mais comportent une part considérable d'*interprétation* et d'*explication*.

6° L'observation de soi-même, par voie d'*introspection* ou de *rétrospection*, éventuellement consignées dans des journaux intimes ou des mémoires.

Notons, à propos de ce dernier point, qu'une dualité de procédés d'observation se présente en psychologie, que l'on ne constate en aucune manière dans les autres sciences naturelles. C'est celle, bien connue, des méthodes dites *objectives*, d'une part, et *subjectives* de l'autre. Cette dualité pose les mêmes problèmes, et a provoqué les mêmes prises de position, que la dualité des conduites motrices et mentales, dont elle résulte directement.

Les réactions motrices, émotionnelles et verbales sont passibles de la même observation rigoureusement *objective* et accessible à tous, que les phénomènes, certes plus simples, dont s'occupent la Physique ou la Biologie. Au contraire, les réactions mentales ne se révèlent qu'à une observation tournée par le sujet conscient vers l'intérieur de lui-même, et qualifiée pour cela même de *subjective* ou *introspective*. Elles échappent, par définition, à l'inspection possible d'autres observateurs.

On comprendra que la place faite à l'introspection dans l'ensemble des méthodes psychologiques, dépende en droite ligne de la place réservée aux conduites mentales dans l'ensemble du comportement. La psychologie de conscience assigne, à l'une comme aux autres, une importance privilégiée. Le behaviorisme strict, au contraire, les récuse. Un behaviorisme assoupli, du genre de celui que nous défendons, ne peut renoncer complètement à l'introspection, quelque conscience qu'il prenne de ses incertitudes et de ses limites.

La discussion de ce point, d'ailleurs quelque peu passé de mode, a été faite si souvent, et parfois de façon si profonde [1], qu'il nous suffira de lui consacrer quelques brèves remarques :

1º Disons d'abord, d'un point de vue très général, et qui dépasse de beaucoup le cas de la Psychologie, que la prétention du Behaviorisme de se passer entièrement de la conscience, est proprement insoutenable, la science même n'étant, comme l'a remarqué Wallon, qu'une vaste prise de conscience de l'univers.

2º Dans l'ensemble des données de conscience, certaines concernent le monde extérieur, d'autres, au contraire, le monde interne. La philosophie française, sous ses diverses formes : cartésienne, biranienne, bergsonienne, et la psychologie de conscience qui en dérive, tendent à doter les secondes d'un caractère d'immédiateté et de certitude qui ferait défaut aux premières cependant que le behaviorisme strict affiche des préférences exactement inverses. Ces deux exclusivismes sont aussi indéfendables l'un que l'autre. Qui dit conscience dit connaissance immédiate, et cette connaissance immédiate reste substantiellement la même, qu'elle prenne sous son regard des données externes ou internes.

3º Les données relatives au monde externe présentent, cependant, pour l'observateur et le savant, des avantages évidents. Les réalités et opérations sur lesquelles elles instruisent, se distribuent de façon ordonnée dans l'espace et permettent des mensurations numériques précises. Elles s'offrent, d'autre part, aux regards concordants d'un nombre indéfini d'observateurs.

Les activités internes échappent à la localisation spatiale et n'autorisent le plus souvent que des mesures approchées et détournées. Mobiles, instables, dépourvues de contours nets, elles se laissent malaisément isoler et décrire. Enfin — et surtout — elles ne se découvrent par définition qu'à un seul observateur, et cet observateur peut se révéler malhabile ou prévenu.

Que soumis par moi à une opération de calcul mental et prié de multiplier 17 par 3, un enfant, interrogé après coup, m'apprenne

---

[1] Cf. P. GUILLAUME, *Introduction à la Psychologie*, Paris, 1942.

qu'il a additionné (3 × 10) et (3 × 7), ou bien, au contraire, soustrait (3 × 3) de (3 × 20), je n'ai aucune raison de suspecter ses dires (et l'on voit du même coup qu'il y a là une source d'information irremplaçable) [1]. Il est moins aisé à un poète, à un musicien, à un homme de science de démêler comment tel beau vers, tel thème, telle découverte se sont présentés à leur esprit. Les raisons en sont si obscures que, pendant des siècles, on n'a rien trouvé de mieux à alléguer, dans des cas de ce genre, que l'influence de la Muse ou de l'Inspiration.

Un problème du même ordre se présente dans l'interprétation que nous nous donnons à nous-même (avant de la donner aux autres) des origines de notre conduite et du sens de notre action. La difficulté d'y voir clair se complique ici d'un double souci — auquel peu échappent — de reconstruction logique et de justification morale, autrement dit de *rationalisation*.

C'est ce que François Mauriac, parmi d'autres, a admirablement vu et souligné. « J'ai naguère écrit le premier chapitre de mes souvenirs : il m'a suffi de le relire pour décider de m'en tenir là. Est-ce bien moi cet enfant que je rappelais ainsi à la vie? Sans doute, quand je m'appliquais à ce travail, n'avais-je pas l'intention de me confesser; du moins étais-je résolu à ne rien dire qui ne fût vrai. Mais pour peu que l'art apparaisse dans ces sortes d'ouvrages, ils deviennent mensonge; ou plutôt l'humble et mouvante vérité d'un destin particulier se trouve dépassée, malgré l'auteur, qui atteint sans l'avoir cherché à une vérité plus générale. Il compose, après coup, ce qui n'était pas composé et ménage la lumière suivant l'effet à produire : ainsi des régions immenses de sa vie se trouvent plongées dans les ténèbres et il éclaire ce qui, en lui, prête à de beaux développements ».

« ... Surtout, gardons-nous de croire qu'un auteur retouche ses souvenirs avec l'intention délibérée de nous tromper. Au vrai, il obéit à une nécessité : il faut bien qu'il immobilise, qu'il fixe cette vie passée qui fut mouvante. Tel sentiment, telle passion

---

[1] D'ailleurs admise par Watson sous le nom de *Verbal Report*.

qu'il éprouva, mais qui furent dans la réalité, mêlés à beaucoup d'autres, imbriqués dans un ensemble, il faut bien qu'il les isole, qu'il les délimite, qu'il leur impose des contours, sans tenir compte de leur durée, de leur évolution insaisissable. C'est malgré lui qu'il découpe, dans son passé fourmillant, ces figures aussi arbitraires que les constellations dont nous avons peuplé la nuit.

« Il ne faut pas non plus faire grief à un auteur de ce que ses mémoires sont le plus souvent une justification de sa vie. Même sans l'avoir voulu au départ, nous finissons toujours par nous justifier; nous sommes toujours à la barre quand nous parlons de nous, — même si nous ne savons plus devant qui nous plaidons... »

« Ce désir inavoué de se justifier me paraît être un trait commun aux confessions les plus différentes; et c'est, semble-t-il, le caractère étrange de l'œuvre d'un Proust (ces mémoires à peine romancés) qu'il y décrit des actions dont, non seulement la portée morale ne l'intéresse pas, mais où il ne voit rien qui puisse éveiller d'autre sentiment que l'intérêt ou la curiosité. »[1]

Nous rappellerons, dans le même ordre d'idées, la phrase magistrale de Joubert, concernant Chateaubriand : « Il y a, dans le fond de ce cœur, une sorte de bonté et de pureté qui ne permettra jamais à ce pauvre garçon, j'en ai bien peur, de connaître et de condamner les bêtises qu'il aura faites, parce qu'à la conscience de sa conduite, qui exigerait des réflexions, il opposera toujours le sentiment de son essence, qui est fort bonne ».

4° La discussion qui nous occupe, aurait pu en demeurer là, il y a cent ans. Depuis lors, la découverte de l'*inconscient psychique*, et la notion de divers plans de conscience, allant de la transparence intégrale à l'opacité la plus complète, sont venues compliquer le problème, non sans éclaircir du même coup ces mécanismes dont

---

[1] *Commencements d'une vie*, *Préface.* Mauriac cite avec raison Rousseau, Chateaubriand et Gide. Quant à l'exception prétendue de Proust, elle n'est qu'apparente et c'est se méprendre complètement que de voir dans son œuvre des « mémoires à peine romancés ». Cf. le *Temps retrouvé*, t. I, p. 207 : « Dans ce livre où il n'y a pas un seul fait qui ne soit fictif, où il n'y a pas un seul personnage « à clefs », où tout a été inventé par moi pour les besoins de ma démonstration... »

l'effet est de travestir, pour nous-mêmes, sinon toujours pour les autres, tant de nos actions.

Nous prendrons, comme point de départ de nos réflexions à ce propos, les faits de *suggestions post-hypnotiques*, si bien décrits par Janet dans ses premiers ouvrages. Ils consistent en ceci qu'un hypnotiseur commande à un sujet en état de transe, une action à accomplir à un moment déterminé du futur et tandis que la transe sera finie et oubliée depuis longtemps. Le moment venu, le sujet accomplit effectivement l'action commandée et trouve à alléguer une motivation plausible quelconque, ne se rendant nullement compte de la force réelle qui le meut. Nous arrivons ici à ce paradoxe que l'observateur objectif voit plus clair dans la conscience intime du sujet que ne le fait le sujet lui-même.

Conçue initialement à l'occasion des faits d'hystérie, de somnambulisme et d'hypnotisme, l'hypothèse de l'inconscient psychique a été étendue par Freud, avec la notion corrélative de refoulement, à tout le domaine de la psychologie pathologique et même normale. Il est apparu qu'en de nombreuses occasions, des émotions, des désirs, des intentions pouvaient affecter l'esprit d'un sujet et gouverner son comportement à l'insu de sa conscience psychologique. La mise en évidence de telles conduites *mentales*, inaccessibles à l'*introspection*, imposait évidemment le recours à de nouvelles méthodes de détection. Telles furent, après l'exploration hypnotique des débuts (d'où dérive la narco-analyse), la méthode d'interprétation associative et symbolique de Freud, enfin, plus récemment, le vaste groupe des méthodes dites *projectives*.

Nous retrouverons ces dernières dans le cadre des tests, où elles n'acceptent d'ailleurs qu'imparfaitement de rentrer. Mais il n'est pas douteux que l'analyse projective joue déjà au niveau de l'observation, par exemple dans le déchiffrement psychologique des productions littéraires et artistiques — confessions ou fictions. « Est-ce à dire, poursuit Mauriac, que les souvenirs d'un auteur nous égarent toujours sur son compte? Bien loin de là : le tout est de savoir les lire. C'est ce qui y transparaît de lui-même malgré lui qui nous éclaire sur cet écrivain.

« Les véritables visages de Rousseau, de Chateaubriand et de Gide se dessinent peu à peu dans le filigrane de leurs confessions et mémoires. Tout ce qu'ils escamotent (même si c'est le bien), tout ce sur quoi ils appuient (même si c'est le mal) nous aident à retrouver les traits qu'ils ont mis parfois beaucoup de soin à brouiller » [1].

Plus directement révélatrices encore apparaissent, contrairement à ce que pourrait suggérer une vue superficielle, les œuvres de pure fiction. « La vraie raison de ma paresse, conclut Mauriac, n'est-elle pas que nos romans expriment l'essentiel de nous-même ? *Seule la fiction ne ment pas; elle entr'ouvre sur la vie d'un homme une porte dérobée par où se glisse, en dehors de tout contrôle, son âme inconnue* » [2].

Que conclure de cette brève discussion? Nous maintenons notre thèse générale suivant laquelle, dans la mesure où l'on continue de faire une place aux conduites mentales en psychologie, l'introspection doit continuer de figurer parmi les méthodes de cette science. Mais le comportement ne relève pas de la seule conscience, et surtout pas de la mince pellicule de conscience accessible à l'observation interne. Il émane de l'organisme psycho-biologique total. Les méthodes introspectives instruisent donc sur l'un des aspects du comportement, nullement sur sa nature d'ensemble, encore moins sur sa cause. Elles disent comment le sujet *voit* la situation, nullement ce qu'*est* la situation. En d'autres termes encore, elles fournissent des éléments d'*information*, dignes d'être pris en considération, quoique obligatoirement soumis à critique. Elles ne fournissent pas, comme le croyait assez naïvement la psychologie classique, des éléments d'*explication*.

Ces réserves étant faites, il est juste de reconnaître que si, dans beaucoup de cas, le sujet qui s'examine lui-même risque de s'abuser et d'abuser les autres quant à la nature vraie de ce qui se passe en lui, en bien d'autres occasions l'examen exclusif des réactions behaviorales terminales n'instruit que bien incomplètement sur le décours complexe et le sens d'une conduite. Que

---

[1] *Commencements d'une vie*, pp. x-xi.
[2] *Ibid.*, p. xv. C'est nous qui soulignons.

d'intentions, que d'attitudes, que de sentiments variables peuvent, par exemple, se manifester dans un baiser ou une étreinte sexuelle ! C'est la faiblesse des enquêtes d'un Kinsey de faire complètement abstraction des remous intérieurs qui accompagnent ces réactions ou s'expriment par elles. Et c'est ici, corrélativement, qu'apparaissent à plein toutes les ressources de l'analyse phénoménologique, maniée, par exemple, par un Scheler ou un Schwarz. Il y a donc, dans le retour de vogue dont a bénéficié ce que l'on nomme maintenant la *phénoménologie*, en Amérique (Snygg et Combs) [1] aussi bien qu'en Europe (Merleau-Ponty) [2], une réaction assez saine contre les outrances d'un certain behaviorisme quelque peu obtus. Encore faudrait-il prendre garde que cette réaction ne dépasse le but et ne ramène aux positions définitivement dépassées de la psychologie de conscience.

2. — L'expérimentation en psychologie

Comme l'observation, l'expérimentation commence par jouer un grand rôle dans la vie pratique, avant de se systématiser en science. Envisagée de ce point de vue, elle n'est rien d'autre que l'apprentissage ou solution de problèmes par *essais et erreurs* (*trial and error*). Le rat qui essaie des itinéraires variés dans un labyrinthe, l'enfant qui met à l'épreuve différentes méthodes de construction au moyen d'un jeu de cubes, la cuisinière qui modifie la composition d'un plat, *font des expériences*. Il est surprenant que ces procédés familiers à l'animal ou à l'homme tant soit peu alertes, aient mis tant de temps à s'introduire dans l'investigation scientifique. Sauf exceptions rarissimes (celle d'Archimède, par exemple), la science ancienne et médiévale passait directement de l'observation à l'explication, comme continue de faire (d'ailleurs légitimement, ses objectifs et ses moyens d'action étant autres), la Philosophie. D'un contrôle de la théorie par des expériences conçues *ad hoc*, on ne ressentait pas le besoin.

[1] D. SNYGG & A. N. COMBS, *Individual Behavior*, New York, Harper, 1942.
[2] M. MERLEAU-PONTY, *La structure du comportement*, Paris, 1942.

La naissance d'une science expérimentale est — avec tout ce qui l'accompagne ou lui fait cortège : la mathématisation du réel, l'essor de la technique, la réduction du sentiment du mystère, la diffusion de l'état d'esprit prométhéen et faustique — une caractéristique capitale de l'époque moderne. Parmi les théoriciens et méthodologistes les plus éminents de ce procédé scientifique essentiel, il suffira de rappeler Francis Bacon, Stuart Mill et Claude Bernard.

Introduite d'abord en physique, puis en biologie, l'expérimentation n'a forcé les portes de la psychologie qu'à une époque assez récente, et la constitution d'une *psychologie expérimentale* ne remonte pas au-delà de la seconde moitié du XIXe siècle. Cette réforme a rencontré des résistances et soulevé des protestations aujourd'hui bien oubliées. Il paraissait dénué de sens, et même à certains scandaleux, de prétendre expérimenter sur l'âme humaine. Mais comme, depuis lors, la psychologie a renoncé à l'étude de l'âme, ou même de la conscience, pour se définir plus modestement comme la science du comportement, ces objections n'ont plus rencontré que le vide.

Expérimenter, on le sait, c'est — dans le but de résoudre une question posée par l'observation concrète et de tester une hypothèse suggérée par elle — tenir sous son contrôle toutes les conditions d'apparition d'un phénomène, et les faire varier systématiquement une à une, les autres étant maintenues constantes, de façon à préciser leur part respective d'influence sur ce phénomène. Comme la vie de relation consiste en l'ensemble des réponses fournies par les diverses classes de vivants à certains types de situations, suivant la formule :

$$S \to I \to R,$$

il s'ensuit que l'on peut expérimenter en psychologie dans deux directions différentes, soit qu'on modifie la structure de la situation, soit qu'on intervienne, au contraire, sur l'individu réagissant [1].

---

[1] On lira, pour illustrer ce qui va suivre : H. E. GARRETT, *Great Experiments in Psychology*, Appleton, 1951³; L. W. CRAFTS, T. C. SCHNEIRLA, E. E. ROBINSON et R. W. GILBERT, *Recent Experiments in Psychology*, McGraw Hill, 1950²; P. GUILLAUME, *Psychologie animale*, Paris, Colin, 1940.

Parmi les expériences du premier type, citons celles qui prennent comme *variables expérimentales* :

— les stimuli mécaniques, physiques ou chimiques, qui suscitent les diverses classes, soit de réflexes, soit de sensations;

— les configurations de stimuli responsables des réponses perceptives de grandeur, de forme, de figure, d'objet, d'espace, de temps, de mouvement et de causalité (Michotte);

— les différentes sortes de données à mémoriser, et l'influence de la présentation, de l'ordre, de l'espacement et de la fréquence des stimuli sur la mémorisation (Ebbinghaus, Bartlett, Mc Geoch);

— les diverses sortes de labyrinthes ou de boîtes à mécanisme *(puzzle-box)* où évolue et apprend à se débrouiller un animal (Thorndike; Hull; Tolman; Skinner; Mowrer);

— les diverses sortes de figures et signaux intervenant dans le *jumping-stand* (Lashley et son groupe);

— les diverses sortes de problèmes et de détours proposés à la sagacité (insight) de l'animal (Köhler);

— les stimuli, soit de préparation, soit de consommation, nécessaires et suffisants pour le déclenchement des activités instinctives (Tinbergen et les éthologistes);

— les divers types de situations qui suscitent les réactions émotionnelles, les convulsions épileptiques, la frustration, les névroses expérimentales (Pavlov, Masserman, Maier);

— l'influence du milieu familial sur le psychisme enfantin et la réorganisation de ce milieu à des fins thérapeutiques.

Parmi les expériences du second type, nous citerons notamment :

1° Celles qui introduisent dans l'organisme du sujet réagissant une modification structurale : greffes ou amputations endocriniennes, décérébrations infra- et suprathalamiques, prélèvements de régions variées de l'écorce cérébrale (Lashley), lobotomie, leucotomie et « psychochirurgie ». On conçoit que, pour des raisons morales, certaines de ces interventions soient impossibles chez l'homme. La méthode expérimentale est alors suppléée par la méthode *pathologique* qui tire enseignement des malformations, accidents, maladies et traumatismes occasionnés par la nature et le hasard. C'est ainsi que l'étude des blessures du crâne et du cerveau produites en grand nombre par la guerre 1914-18 a permis à Head de grandement préciser les connaissances relatives aux fonctions des diverses régions de l'écorce.

2° D'autres expériences s'intéressent aux variations purement fonctionnelles de l'organisme : alternance de la veille et du sommeil, de la déprivation et de la satiété, de la motivation et de l'indifférence; modification des humeurs, injection d'hormones ou de vitamines; excitation électrique des diverses régions de l'écorce et des centres sous-jacents (hypothalamus); ingestion de drogues qui exaltent, dépriment ou modifient l'activité du système nerveux central ou végétatif à des niveaux divers : toniques (caféine, strychnine, benzédrine), sédatifs et soporifiques (bromures, barbituriques, alcool), « neuroleptiques » (réserpine, chlorpromazine), « stupéfiants » aux effets émotionnels si singuliers (morphine, cocaïne, haschich).

3° On peut encore prendre note des réponses variables, émises devant une même situation, par des sujets différant par l'espèce, la race, le sexe, l'âge, le milieu socio-culturel, enfin par certaines caractéristiques psychologiques dont il sera question au chapitre de l'explication, et qui ont été mises en évidence chez lesdits sujets, au cours d'enquêtes antérieures : sujets intelligents ou inintelligents, schizothymes ou cyclothymes, sains, névrotiques ou psychotiques.

On conçoit que la comparaison de deux sujets — par exemple un homme et une femme — devant une épreuve déterminée — par exemple un test d'intelligence — ne permette de rien déduire en général quant aux capacités intellectuelles respectives de l'un et de l'autre sexe.

On conçoit, d'autre part, qu'il soit impossible de prendre en considération la totalité des individus des deux sexes. La solution consiste à prélever sur les *populations* en présence des *échantillonnages représentatifs* choisis suivant les lois du hasard ou de l'appariement *(random samples, matched samples)*. On calcule alors les moyennes et cherche dans quelle mesure la différence entre ces moyennes est significative (t - test).

4° Les trois classes d'expériences qui viennent d'être décrites, portent sur les facteurs innés et constitutionnels. Un quatrième groupe concerne les facteurs acquis, c'est-à-dire qu'au lieu de faire intervenir les données biologiques et les caractéristiques psychologiques qui leur sont liées : capacités et tendances (précisons à nouveau qu'il faudra revenir sur le statut de ces notions), on s'intéresse ici à l'effet des *habitudes* contractées et des *apprentissages* préalables. Appartiennent à ce type : les expériences antithétiques sur le transfert et l'inhibition rétroactive; les enquêtes sur l'apprentissage latent (Tolman); l'étude de la frustration et des effets ultérieurs : régression, agression, etc. qu'elle tend à susciter (Lewin, Dollard et leurs groupes). C'est évidemment dans cette direction que se situent les méthodes *génétiques* et *psychanalytiques*.

Dans la perspective qui nous occupe, une technique extrêmement générale consiste à comparer, au point de vue de leurs réactions devant une situation actuelle, deux groupes de sujets, dont l'un, dit *groupe expérimental*, a vécu préalablement l'expérience dont on cherche à préciser l'incidence causale, tandis que le second ou *groupe de contrôle* a échappé à cette dernière. On se retrouve alors devant le problème de la comparaison de deux échantillonnages et de deux moyennes. Dans d'autres cas, ce sont les mêmes sujets que l'on mesure avant et après l'apprentissage et qui jouent vis-à-vis d'eux-mêmes le rôle de groupe de contrôle (cas particulier ou cas extrême de *matched samples*).

On a pu voir ou deviner par notre exposé que les méthodes statistiques s'introduisaient à un considérable degré dans les techniques de l'expérimentateur psychologue, sans cesse confronté avec des populations, des échantillonnages, des fréquences, des proportions, des moyennes et des différences de moyennes. La raison de ce tour particulier pris par la recherche réside dans la *variabilité intra-individuelle* et *extra-individuelle* des organismes. Si fort qu'on prenne soin de rendre identiques à tous égards les conditions d'apparition d'une conduite, on constate que cette dernière varie dans une certaine mesure, soit chez le même individu d'une occasion à l'autre, soit dans la même occasion d'un individu à l'autre. Pourquoi cette variabilité, d'où vient-elle ? « Tout ce qu'on peut dire, lorsqu'on va au fond du problème, c'est qu'il semble y avoir une variabilité de base de l'organisme individuel que nos méthodes limitées d'observation n'arrivent pas à expliquer complètement. Nous en sommes réduits à l'accepter purement et simplement. Nous ne la considérons pas comme dénuée de cause. Nous admettons seulement notre impuissance à mettre en évidence les facteurs exacts qui la causent. Les raisons de la variabilité inter-individuelle sont pareillement difficiles à spécifier dans le détail, mais le fait de son existence s'impose dans toute la nature. Dans les milliers de feuilles qui croissent sur un arbre, on n'en trouve pas deux qui soient identiques. De menues différences peuvent être observées dans de simples organismes unicellulaires tels que l'amibe. Des jumeaux considérés comme identiques, ne sont pas réellement identiques, car dans ce cas ils ne pourraient être distingués. Le fait qu'un individu diffère d'un moment à l'autre et que les individus diffèrent l'un de l'autre, est un fait fondamental de la nature, et, évidemment, si une telle variabilité n'existait pas, nous n'aurions pas besoin de statistiques » [1].

Cependant, si légitime et même indispensable que soit cette invasion de la psychologie par les méthodes statistiques, elle n'en a pas moins créé des erreurs d'appréciation qu'il importe absolument de relever. Comme l'écrit Yule, statisticien pourtant éminent, « le fait même que l'expérimentateur est forcé de recourir à des procédés statistiques, devrait l'inciter à réfléchir sur son travail expérimental. Il montre qu'il n'a pas réussi à atteindre l'idéal même de l'expérimentation, qui consiste à exclure les facteurs perturbateurs. Il devrait se demander à chaque phase de ses démarches : ces facteurs perturbateurs sont-ils réellement inévitables ? Ne puis-je d'aucune manière les éliminer ou réduire leur influence ?... En tout état de cause, cela devrait être un but constant

---

[1] B. J. UNDERWOOD, C. P. DUNCAN, J. A. TAYLOR, J. W. COTTON, *Elementary Statistics*, New York, Appleton, 1954, pp. 63-64.

de l'expérimentateur de limiter au minimum l'intervention des méthodes statistiques dans ses investigations ». Citant et commentant cette remarque capitale, Sir Frederic Bartlett (peu suspect lui-même de laxisme scientifique) ajoute avec profondeur : « Lorsqu'on examine au hasard un échantillon valable quelconque de l'immense masse de travaux consacrés à la statistique appliquée, dans le cadre de la psychologie expérimentale contemporaine, on ne peut, si l'on garde l'esprit en éveil, se soustraire à la conviction qu'un trop grand nombre d'investigateurs se soucient peu de l'arrangement et de l'observation des conditions dans lesquelles se produisent les réactions qu'ils étudient, mus par le seul désir d'obtenir de grands nombres, et de les traiter statistiquement » [1].

Il ressort de là que, bien loin d'être inséparables (sinon souvent *en fait* et pour des raisons contingentes), la méthode expérimentale et la méthode statistique constituent *en principe*, comme l'explique admirablement R. B. Cattell [2], deux directions essentiellement différentes de la recherche. La première suppose l'intervention active du savant contrôlant et maintenant constantes *toutes* les conditions d'apparition d'un phénomène sauf une *(variable indépendante)* dont il cherche à déterminer l'influence sur la *variable dépendante* en la faisant varier systématiquement. C'est la procédure traditionnelle dans les sciences de la matière. Dans la seconde, le savant considère les événements tels que les lui fournit la nature sans influencer d'aucune manière leurs conditions de production et en cherchant par analyse statistique à isoler les relations particulières qui l'intéressent entre deux ou plusieurs variables déterminées, les autres qu'il néglige étant supposées varier au hasard et ne pas se manifester dans l'enquête. C'est la procédure normale des sciences sociales. Divers procédés ou groupes de procédés interviennent ici :

a) ceux de la *statistique élémentaire* : délinéation de groupes, calcul de moyennes et d'écarts types, et de la différence, signi-

---
[1] F. C. BARTLETT, *Remembering*, Cambridge Univ. Press, 1950^2, p. 8.
[2] *Factor Analysis*, Harper, 1952, ch. I.

ficative ou non, entre moyennes et écarts-types caractérisant des groupes différents.

b) Ceux de l'*analyse de la variance* qui étudie simultanément l'influence d'un certain nombre de conditions, retenues comme intéressantes, sur un résultat déterminé.

c) Ceux du *calcul des corrélations* qui étudie dans quelle mesure les changements d'une variable sont associés à des changements d'une autre variable. Dans le prolongement de cette méthode se trouve l'*analyse factorielle* dont il sera question plus loin.

Les deux méthodes expérimentale et statistique ont leurs avantages et leurs inconvénients. La méthode statistique ne fournit que des probabilités. De plus, elle ne met en évidence que des *associations* entre variables et est incapable *de soi* de déterminer laquelle est la cause, laquelle est l'effet. Supposé, par exemple, qu'on mette en évidence un lien entre troubles névrotiques et désordres physiologiques, la relation causale peut jouer dans les deux sens. La méthode expérimentale fournit des certitudes et identifie variable indépendante et variable dépendante, cause et effet. Mais elle suppose que l'expérimentateur tient sous son contrôle *toutes* les conditions influençant un phénomène. Cela étant irréalisable en beaucoup de cas en psychologie, comme on l'a vu plus haut, la méthode expérimentale est forcée de se combiner alors avec la méthode statistique. Fréquemment, cependant, comme le notait Bartlett, celle-ci prend un développement excessif, rançon d'un contrôle expérimental trop lâche.

L'un des résultats les plus singuliers — et les plus déplorables — de cette évolution a été que la psychologie, *science de l'individu*, a tendu de plus en plus, au moins dans certaines de ses directions, à perdre de vue l'individu. Une réaction salutaire s'est manifestée sous la forme de la *psychologie clinique* (dont la *psychanalyse* n'est que l'une des variantes). Pour être autrement orientée, cette étude de l'individu n'est pas moins *scientifique* que celle qui s'intéresse au groupe ou à la population dans son ensemble. On doit même dire qu'elle possède, en puissance, une valeur *explicative* bien supérieure. Nous pouvons, pour nous faire comprendre, partir d'une analogie, empruntée au domaine de la médecine. Soupçonnant les relations de causalité qui interviennent entre la présence d'un microbe et l'apparition d'une maladie ou d'un symptôme, je puis instituer une comparaison statistique entre le nombre de cas où apparaît le microbe et celui où se déclare la maladie. J'arrive à une certitude variable quant au lien unissant les facteurs en présence, mais je reste dans l'ignorance complète du mode d'action du microbe. Au contraire, l'observation minutieuse d'un seul malade par les techniques de l'anatomie pathologique, me révèle, en même temps que la réalité du processus causal, toutes les phases de son déroulement. De la même manière, je peux, en psychologie, établir une relation statistique aveugle entre l'incidence d'une expérience infantile et celle d'un trait de caractère adulte. Mais je puis aussi — et mieux — suivre un seul sujet depuis le moment où il vit l'expérience en question jusqu'à celui où s'est stabilisé le trait considéré, et lire en quelque sorte dans la trame de sa vie l'influence causale exercée par le premier de ces deux facteurs sur le second. Nous retrouvons ici cette méthode *longitudinale* dont il a déjà été question à propos de l'observation, et dont nous avons souligné alors les vertus d'explication, non moins que de description. La psychologie clinique, étude de l'individu, n'a donc aucune raison de ressentir d'infériorité vis-à-vis des méthodes collectives et statistiques, *de soi plus imparfaites*.

* *

Terminons ces quelques remarques, consacrées plutôt à la philosophie qu'à la méthodologie de l'expérimentation (pour laquelle nous renvoyons aux traités spéciaux), en rappelant cependant les deux conditions fondamentales auxquelles doit satisfaire toute expérience :

1° Elle doit être *valide*, c'est-à-dire isoler réellement le facteur sur lequel elle porte *(variable expérimentale)* en excluant toute intervention subreptice de facteurs extrinsèques. Manquerait, par exemple, de validité l'expérience qui, prétendant étudier la seule influence du sexe sur une performance quelconque, comparerait des garçons et des filles d'âge différent.

2° Elle doit être *adéquate*, c'est-à-dire mettre en œuvre les moyens suffisants pour conduire aux conclusions que l'on vise, en excluant pour celles-ci la possibilité de résulter du pur hasard. Serait, par exemple, inadéquate l'expérience qui, s'intéressant aux capacités de discrimination d'un sujet entre deux stimuli, ne soumettrait ce sujet qu'à une, deux, trois ou quatre épreuves (0.5, 0.25, 0.125, 0.06 de probabilités de tomber juste, la limite considérée comme satisfaisante étant de 0.05, ou mieux de 0.01).

3. — La mesure en psychologie

Nous venons de dire que l'expérimentation consiste à faire varier systématiquement les facteurs et conditions en présence. Or ces facteurs sont passibles de deux sortes de variations, les unes *qualitatives*, les autres *quantitatives*. La première hypothèse se réalise quand on compare, par exemple, deux stimuli visuel et auditif, deux individus de sexe différent, deux réponses émotionnelles, l'une d'angoisse, l'autre de colère. La seconde intervient lorsqu'un même stimulus, une même motivation, une même réponse émotionnelle varient uniquement sous le rapport de l'intensité.

C'est l'un des traits fondamentaux de la science moderne d'avoir restreint autant que possible le domaine de la qualité et porté tout son intérêt sur les aspects quantitatifs ou quantifiables du réel. C'est l'une des causes de son succès d'avoir complété l'expérimentation par la *mesure*[1]. Plusieurs facteurs ou *variables* étant en présence, la grandeur revêtue par chacun d'eux à un

---

[1] Cf. P. Suppes, *Introduction to Logic*, Van Nostrand, 1957, p. 265 : " The primary aim of the theory of measurement... is to show in a precise fashion how to pass from qualitative observations (" This rod is longer than that one ", " the left pan of the balance is higher than the right one ") to the quantitative assertion needed in empirical science (" The length of this road is 7.2 cm ", " the mass of this chemical sample is 5.4 grams "). In other words, the theory of measurement should provide an exact analysis of how we may infer quantitative assertions from fundamentally qualitative observations. Such an analysis is provided by aximatizing appropriate algebras of experimentally realizable operations and relations. " Pour un exposé d'ensemble de tous les problèmes relatifs à la mesure en psychologie, on lira : M. Reuchlin, *Les méthodes quantitatives en Psychologie*, P. U. F., 1962.

moment ou dans une occasion donnée, est exprimée par un nombre qui la mesure. Si ces facteurs varient solidairement, chaque valeur de l'un est liée à une certaine valeur des autres par une relation définie qui s'exprime par la notion mathématique de *fonction*. Ainsi s'établissent des *lois scientifiques*, de forme soit *déterministe*, comme dans la physique classique, soit plus simplement *probabiliste*, comme dans les théories récentes. La question se pose maintenant de savoir si la psychologie se prête au même schéma.

Le behaviorisme strict répond sans hésiter par l'affirmative. La psychologie de conscience ne pouvait que se montrer hostile. Plus encore que l'expérimentation sur l' « âme humaine », la prétention de quantifier et mesurer les états de cette dernière a soulevé des protestations indignées, dont l'expression la plus complète se trouve dans le plus contestable ouvrage de Bergson : l'*Essai sur les données immédiates de la conscience* (1889). Depuis lors, la psychologie n'en a pas moins prouvé la possibilité du mouvement en marchant, et la fécondité de la mesure en mesurant.

Nous n'irons pas, cependant, jusqu'à ne concevoir de science, en particulier de psychologie, que celle qui manipule des grandeurs, des mesures, des relations fonctionnelles, des lois déterministes. Des liens *sui generis* mis en lumière entre situations, individus et réponses susceptibles de descriptions uniquement qualitatives, nous paraissent répondre aussi légitimement que d'autres, à la curiosité du psychologue et à son idéal d'intelligibilité scientifique. On peut même dire que, plus on monte dans la hiérarchie des manifestations du psychisme, plus la part de l'individuel irréductible devient grande. La composition de *Parsifal*, œuvre singulière, n'était possible qu'à un moment unique de l'histoire de la musique et de la vie de Wagner, et par les seuls soins du seul Wagner. La psychologie *clinique*, étude de l'individu comme tel, mérite donc, autant qu'une autre, le nom et le statut de science véritable [1].

Il faut maintenant revenir sur les différents facteurs (ou

---

[1] Voir sur les problèmes ici impliqués : G. W. ALLPORT, *Personality*, New York, Holt, 1937 et S. ROSENZWEIG, *Idiodynamics in Personality Theory*, Dialectica, 19/20, Zurich, 1951, pp. 293-311.

variables) manipulés par le psychologue, et préciser à l'occasion de chacun d'eux les considérations générales qui viennent d'être émises.

1º Le facteur S (Stimulus, Situation) peut varier, soit qualitativement (exemples : deux stimuli s'adressant à des récepteurs sensoriels différents; deux signaux différents intervenant dans le *jumping stand*), soit quantitativement (exemples : les intensités graduées et croissantes d'un stimulus physique; le nombre de carrefours que comporte un labyrinthe). Dans le cas de conduites complexes, la situation comporte souvent une structure hautement originale, en apparence rebelle à la quantification. De telles situations peuvent cependant, varier en plus ou en moins relativement à un certain critère. C'est ainsi que des milieux familiaux, par ailleurs très divers, peuvent être *classés* comme plus ou moins autoritaires, et même se voir attribuer, de ce point de vue, une *cote* numérique.

2º Les individus peuvent différer qualitativement par l'espèce, la race, le sexe, les types de traitements biologiques ou d'apprentissages psychologiques auxquels ils ont été soumis. Ils peuvent différer quantitativement par la taille, la force musculaire, l'âge, l'intensité de la motivation, l'étendue des lésions et ablations cérébrales éventuelles (comme dans les expériences de Lashley), la quantité d'hormone ou de drogue absorbée, la durée ou la fréquence des apprentissages antérieurs, enfin le niveau variable de l'intelligence ou de toute autre *fonction* psychique, ce niveau fournissant matière, comme dans le cas des situations, soit à un classement, soit à une cotation.

3º Les réponses, de quelque nature qu'elles soient, peuvent appartenir à des genres qualitativement différents : réflexes nociceptif et pupillaire; émotions de joie et de peur; instincts alimentaire et sexuel; opérations mentales de raisonnement, de décision et de jouissance. A l'intérieur de ces genres, des différences de grandeur ou d'intensité se font jour. Les conduites motrices comportent des aspects géométriques (distance), cinématiques (vitesse), dynamiques (force), des aspects, encore, de durée et de fréquence, qui ne présentent pour la mesure aucune espèce de problème. Les conduites émotionnelles varient par l'intensité des tensions et décharges musculaires, des modifications viscérales, enfin des sécrétions glandulaires qu'elles font intervenir. Côté conduites verbales : on peut parler plus ou moins fort, plus ou moins vite, plus ou moins longtemps. On peut composer une dissertation ou un livre de longueur variable. Sans doute, dans ce dernier cas, le caractère qualitatif, et même individuel, de ces productions peut-il paraître prédominant. Cependant, depuis toujours, le professeur de français classe les dissertations de ses élèves par ordre d'excellence et leur attribue même une cote. Enfin, — pour en venir aux conduites mentales, qui posent certainement les problèmes les plus délicats — les formules : je vois plus ou moins clair, je comprends plus ou moins vite, j'aime davantage telle personne que telle autre, je me sens plus heureux (on dira même familièrement, avec une exagération notable, qui ne doit pas masquer le processus psychologique impliqué : je me sens *dix* fois, *mille* fois plus heureux) aujourd'hui qu'hier, présentent dans le langage courant — n'en déplaise à Bergson — un sens parfaitement clair, que la science se bornera à préciser et contrôler.

Il ne nous paraît donc pas contestable que, dans toutes les avenues de la psychologie, se rencontrent des différences et variations de quantité. Et maintenant se pose la question de savoir comment les *mesurer*.

Le minimum qu'on puisse faire, en présence de réalités variant suivant le plus et le moins, est de les ranger suivant un ordre systématique. On procède alors à un *repérage*, on compose une série *ordinale (ordinal scale)*. Ainsi classe-t-on à l'armée les conscrits par ordre de taille, ainsi encore le maître attribue-t-il, suivant leurs mérites respectifs, un rang déterminé aux élèves d'une classe. On a pu voir, plus haut, plusieurs exemples de classements de genre, appliqués aux phénomènes psychologiques. L'inconvénient des séries ordinales est qu'elles ne nous disent rien de l'importance des intervalles, et n'autorisent qu'un très petit nombre d'opérations statistiques.

La mesure est beaucoup plus que cela. Il y a *mesure*, au moins au sens plénier du terme, lorsqu'on met en correspondance, d'une part un système de réalités variant suivant le plus et le moins, par intervalles égaux, et d'autre part, un système de nombres, toutes les opérations que l'on pratique sur l'un de ces systèmes aboutissant à des résultats qui sont automatiquement applicables à l'autre, et vice versa [1]. C'est ce qui se passe, par exemple, dans le cas de longueurs variables, exprimées en unités de mesure quelconques, par exemple en mètres. Je puis porter ces longueurs bout à bout, c'est-à-dire les additionner, je puis retrancher l'une de l'autre, c'est-à-dire la soustraire, le résultat correspondra à celui des mêmes opérations que j'aurais effectuées sur les nombres qui les mesurent, et inversement. A l'addition des nombres, opération mentale, correspond point par point la mise bout à bout des longueurs, opération motrice. Dans beaucoup de cas où il faut faire vite et où l'exactitude absolue n'est pas demandée, je ferai l'économie de l'opération motrice et opinerai, par exemple, au simple jugé, qu'une longueur donnée en vaut trois fois une autre. Je me contente, dans ce cas, de l'opération mentale et procède à une évaluation ou cotation *(rating)*. Mais, en cas de besoin, cette évaluation peut toujours être vérifiée par la manipulation motrice correspondante.

Revenons maintenant aux diverses classes de variables psychologiques plus haut énumérées et demandons-nous jusqu'à quel point leur mesure possible satisfait aux postulats qui viennent d'être définis.

Aussi longtemps que les composantes de la situation, de l'individu et de la réponse s'apparentent aux réalités dont il est

---

[1] Si l'on voulait exprimer cette idée en termes plus rigoureux, il faudrait faire appel aux notions logiques ou métalogiques de *système formel*, de *modèles* d'un système, et d'*isomorphisme* entre modèles, doués d'une même *structure*, c'est-à-dire gouvernés par les mêmes propriétés formelles. Cf. P. Suppes, *Introduction to Logic*, Van Nostrand, 1957, p. 266 : " We cannot literally take a number in our hands and " apply " it to a physical object, say. What we can do is show that the structure of a set of phenomena under certain empirical operations and relations is the *same* as the structure of some set of numbers under certain arithmetical operations and relations. The definition of isomorphism in the given content makes the intuitive idea of *same structure* precise, as has already been remembered. The great significance of finding such an isomorphism of structures is that we may then use all our familiar knowledge of computational method, as applied to the arithmetical structure, to infer facts about the isomorphic empirical structure. "

question en arithmétique, en géométrie, en mécanique, en physique ou en biologie (fréquences, structures spatiales, déplacements dans l'espace, caractéristiques morphologiques ou modifications fonctionnelles des organismes), aucune difficulté particulière ne se présente.

Mais que dire des cas où je ne me contente pas de *classer*, mais où je *cote* — pour reprendre des exemples mentionnés plus haut — des milieux familiaux inégalement autoritaires, des sujets inégalement intelligents ou dominateurs, des dissertations inégalement remarquables, des sensations d'intensité variable, des sentiments de bonheur plus ou moins vifs? Je puis, sans doute, me tromper lourdement dans mes évaluations, mais je puis aussi, par don ou par exercice, les rendre de plus en plus exactes. Divers procédés, analysés dans les traités de méthodologie, s'offrent, d'ailleurs, pour perfectionner, contrôler ou rectifier mes estimations [1]. Cependant, jamais celles-ci ne correspondront à une opération empirique qui les vérifierait directement, comme fait la mise bout à bout des longueurs, pour l'addition des nombres qui les mesurent.

Il y a plus, la notion d'addition n'a ici aucun sens précis, et personne ne dira que deux dissertations médiocres, cotées 4, équivalent, prises ensemble, à une dissertation honorable, cotée 8.

La conclusion de ces remarques, c'est, non pas qu'il faut renoncer au *rating* et à la mesure en psychologie, mais que la mesure revêt ici un sens assoupli, qui ne satisfait pas à toutes les conditions réalisées, par exemple, dans les mensurations géométriques. Sens, d'ailleurs, variable, suivant les cas. Dans cette perspective, Guilford distingue notamment [2] :

1° Des *échelles ordinales (ordinal scales)* sur lesquelles nous nous sommes déjà expliqué, et qui ne présupposent rien d'autre que la

---

[1] Cf. notamment J. P. GUILFORD, *Psychometric Methods*, McGraw Hill, 1954² et L. W. FERGUSSON, *Personality Measurement*, McGraw Hill, New York, 1952; CATTELL, *Personality*, p. 89.

[2] J. P. GUILFORD et A. L. COMREY, *Measurement in Psychology*, dans H. HELSON, *Theoretical Foundations of Psychology*, New York, Van Nostrand, pp. 506-556 et J. P. GUILFORD, *Psychometric Methods*, McGraw Hill, 1936¹ et 1954².

recognition du plus grand, de l'égal et du plus petit, sans intervention d'unités de mesure.

2° Des *échelles à intervalles égaux (interval scales)* impliquant en outre, entre les termes successifs de la série, l'existence d'intervalles égaux, bases d'unités de mesure. Beaucoup des exemples, plus haut discutés, interviendraient ici, quoiqu'ils puissent également figurer, moyennant précautions supplémentaires, dans la catégorie suivante (cotation de milieux familiaux, de sujets plus ou moins intelligents, de dissertations, etc.). Ce second type d'échelles autorise un beaucoup plus grand nombre d'opérations statistiques, d'équations et relations fonctionnelles (à l'exclusion des fonctions logarithmiques).

3° Des *échelles proportionnelles (ratio scales)* qui partent, en outre, d'un point zéro, et d'un zéro *absolu*, non *relatif* comme l'est, par exemple, celui du thermomètre. Dans ce cas, des rapports tels que 2/4, 4/8 etc. peuvent être posés comme équivalents. Ces échelles permettent des traitements mathématiques encore plus étendus. Elles serrent d'aussi près que possible la mesure au sens plénier du terme, sans cependant coïncider tout à fait avec elle, pour la raison que continue de faire défaut un processus d'addition empiriquement défini. Un exemple d'échelle proportionnelle est constitué par la série des sensations d'intensité croissante. Je pars d'un point zéro où il y a absence complète de sensation, je cote 1 la sensation la plus faible qui apparaisse, 2, c'est-à-dire 1 + 1, la sensation immédiatement plus intense, et ainsi de suite.

Parvenu à ce point, le lecteur se demandera sans doute ce qui recommande, en psychologie, l'usage de tels systèmes de mesure, dont la justification théorique laisse, comme nous l'avons vu, tant à désirer. Nous répondrons avec Guilford que, discutables *a priori*, ces systèmes se justifient cependant *a posteriori* par la cohérence des *lois* qu'ils permettent de formuler, et la validité des *prédictions* qu'ils rendent possibles.

En effet, manipulant des variables quantitatives, et en possession de mesures plus ou moins satisfaisantes de ces variables, la psychologie cherche, comme la physique et la biologie, à établir entre ces mesures des *lois* ou relations *fonctionnelles*. La formule de Lewin $C = f(P, E)$ ou, dans notre langage habituel $R = f(S, I)$ prend alors un sens mathématique précis. Facteurs externes et internes constituent les *variables indépendantes* d'où résulte, suivant la relation exprimée par f, la réaction, *variable dépendante*.

La connaissance exacte des premières permet, une fois la loi établie, de *prédire* à coup sûr la troisième. On peut aussi faire jouer la loi en sens inverse, et, à partir des valeurs de la réponse et du stimulus, inférer, par exemple, celle de l'individu. C'est la direction, non plus de la *prédiction*, mais de l'*explication*.

L'exemple le plus vénérable d'une relation fonctionnelle en psychologie est constitué par la célèbre *loi psycho-physique* de Weber-Fechner : *la sensation croît comme le logarithme de l'excitation.*

* * *

La conception traditionnelle de l'expérimentation prescrivait, lorsqu'on se trouve en présence d'une multiplicité de facteurs interreliés, de faire varier ces facteurs un à un, tous les autres étant maintenus constants. Beaucoup d'expériences psychologiques sont construites suivant ce schéma. Les méthodes d'*analyse de la variance* mises au point par Fisher ont révolutionné cette procédure et permis de faire varier simultanément tous les facteurs en présence — facteurs externes et internes en nombre illimité, réponses — à condition que l'expérience se plie aux exigences d'un *plan factoriel (factorial design)* [1].

Supposons, par exemple, pour reprendre un cas analysé par

---

[1] Cf. R. A. FISHER, *Statistical Methods for Research Worker*, Edimbourg, 1e éd., 1925, 11e éd., 1950; R. A. FISHER, *The Design of Experiments*, ibid., 1e éd., 1935, 6e éd., 1951; A. L. EDWARDS, *Experimental Design in Psychological Research*, New York, Rinehart, 1950; A. L. EDWARDS, *Statistical Methods for the Behavioral Sciences*, Rinehart, 1954; J. M. FAVERGE, *L'analyse de la variance en psychologie*, Année Psychol., 49 (1948), pp. 341-358 (exposé des calculs); M. REUCHLIN, *Les plans d'expérience en psychologie*, Année Psychol. 53 (1953), pp. 59-81 (exposé de la logique de la méthode).

Edwards, que nous nous intéressions à la recognition (R), par des sujets des deux sexes (I) de mots dont la présentation varie de différentes manières (grandeur des caractères, couleur des caractères, temps d'exposition : trois facteurs S), nous pouvons sans doute faire varier ces facteurs un à un dans autant d'expériences séparées, mais nous pouvons aussi *dans la même expérience* étudier toutes les combinaisons possibles (au nombre de 16) de ces diverses variables. Une telle façon de faire présente des avantages évidents, qui sont justement soulignés par Reuchlin [1] :

1° Chacune des observations prises contribue à la solution de toutes les questions posées.

2° Le plan factoriel donne à l'induction une base plus large et plus diversifiée.

3° Il met en évidence les interactions qui interviennent entre les facteurs étudiés.

Bien entendu, le *plan factoriel* demande à être conçu à l'avance en fonction des exigences du problème étudié. Il « préside *à la fois* à l'organisation des opérations matérielles dont l'ensemble constitue l'expérience et à l'organisation des procédés statistiques permettant d'interpréter ces résultats » (Reuchlin).

Dernière question, qui intéresse le philosophe et le moraliste plus directement peut-être que le psychologue. Devons-nous poser en principe qu'à toute valeur de S et de I corresponde dans *tous* les cas une valeur *déterminée* de R ? Ce serait opter pour le *déterminisme* et, craindront certains, mettre en péril le libre-arbitre. Nous répondrons que la thèse du déterminisme en psychologie ne peut faire l'objet que d'un acte de foi, qui ne se recommande pas spécialement à un moment où la physique elle-même doit se contenter de thèses probabilistes. Mais une telle réponse n'irait pas au fond du problème. La vérité est qu'un acte peut être parfaitement prévisible et déterminé, au sens que nous avons dit, sur

[1] *Op. cit.*, p. 64.

le plan de la science psychologique, et demeurer, cependant, pleinement libre du point de vue de l'analyse philosophique. Il y a cent chances sur cent que, ma vie se trouvant en danger, et voyant un moyen de la sauver sans dommage pour personne, je recourre à ce moyen. Et cependant, je n'y recours sous l'effet d'aucune espèce de contrainte ressentie, mû par les suggestions de la seule raison. Déterminisme scientifique et libre-arbitre ne se rencontrent donc pas. Ce sont là problèmes se posant sur des plans différents [1].

LES TESTS.

Nous avons réservé pour un paragraphe spécial l'étude d'une méthode de mesure particulièrement florissante en psychologie : celle des tests. Le test vise essentiellement à mesurer l'individu, et, dans l'individu, ces caractéristiques psychiques que nous avons rencontrées à plus d'une reprise, et sur lesquelles il faudra revenir au chapitre de l'explication : intelligence, aptitudes, connaissances, traits de caractère. Sans doute a-t-on vu que ces caractéristiques pouvaient faire l'objet d'une évaluation, d'un *rating* plus ou moins satisfaisant. Le test en fournit une mesure autrement objective.

Pour introduire à cette étude, nous pouvons à nouveau partir d'une expérience familière à tous, et bien antérieure à l'essor de la psychologie scientifique : celle des examens de fin d'année dans l'enseignement primaire et moyen. Voulant éprouver les connaissances acquises par ses élèves dans le domaine, par exemple, des mathématiques, le professeur leur donne à résoudre une série de dix problèmes de structure et de difficulté variées. Le résultat de l'épreuve se traduit, pour les élèves, par l'attribution d'un rang et d'une cote sur dix, *au point de vue des connaissances mathématiques*.

Nous prions que l'on remarque la sorte d'extrapolation qui

---

[1] Pour une autre conception des rapports de l'esprit et du corps, fondée sur l'hypothèse dualiste et interactionniste (environnement ⇄ corps ⇄ esprit), on consultera : C. SHERRINGTON, *Man on his nature*, Cambridge Univ. Press, 1940, ch. XI ; J. C. ECCLES, *The neurophysiological basis of mind*, Oxford, Clarendon, 1953, ch. VIII.

intervient ici. Les dix problèmes en question n'ont été choisis qu'à titre d'échantillons supposés représentatifs parmi une infinité d'autres possibles. Le professeur fait l'assomption que le résultat de l'épreuve n'eût pas été fondamentalement différent avec dix autres problèmes non moins judicieusement choisis. Et c'est pourquoi il classe et cote ses élèves non d'après leur capacité à résoudre les dix problèmes retenus, mais d'après leurs *connaissances mathématiques* en général, soit d'après leurs capacités à résoudre des problèmes quelconques de même niveau.

Dans une telle procédure, et supposé que nous nous référions à notre formule habituelle

$$S \to I \to R$$

S est maintenu rigoureusement constant, R varie quantitativement et ces variations constituent un *donné*, enfin, à partir de la valeur de R est inférée la valeur de I ou d'un certain aspect de I, résumant d'ailleurs et permettant de prédire une infinité d'autres réponses possibles.

Nous avons là les éléments essentiels d'un test, affectés cependant de quelques inconvénients éventuels, que le test cherchera justement à éliminer. Il se peut, en effet, que le professeur ait mal choisi ses problèmes et que ceux-ci ne se réfèrent que très imparfaitement à la matière étudiée. L'épreuve manque alors de *validité*, et l'examen ne mérite plus son nom d'examen de *mathématiques*. Il se peut que, même s'ils couvrent tout le champ de la matière, les problèmes soient ou trop faciles ou trop difficiles. Dans les deux cas, ils différencient insuffisamment les individus, et leur valent des cotes trompeuses, soit trop hautes, soit trop basses. Il se peut que, d'un problème à l'autre, et de celui-ci à un troisième, la différence de difficulté ne soit pas la même, quoique la solution de chacun se traduise uniformément par l'attribution d'un point. Enfin, il va sans dire que les discordances et les sujets d'inquiétude se multiplient, lorsque l'on compare, au point de vue de leurs résultats, des élèves de classes variées, examinés et cotés par des professeurs différents. Le test, tel qu'on l'entend en psychologie, cherche à obvier à ces inconvénients, d'une part, grâce à la standardisation et au choix judicieux des questions, et, d'autre part, grâce à la formulation de *normes* précises pour l'interprétation des réponses, autrement dit pour passer de la valeur de R à celle de I.

La différence essentielle entre l'examen scolaire et le test consiste en ce que, d'un côté, le choix des questions et l'interprétation des réponses s'effectuent *a priori* en vertu d'une idée directrice plus ou moins plausible, tandis que, de l'autre, elles reposent sur l'expérience, plus particulièrement sur le procédé fondamental d'*étalonnage*. Supposons que je construise un test de connaissances, coté de 0 à 60 [1], à l'adresse d'une population donnée. Je prélève sur cette population un échantillonnage représentatif, constitué par exemple de 400 sujets, et je leur administre le test. Les résultats obtenus sont classés par ordre de mérite ascendant et divisés en quatre, dix ou cent groupes, qui vont permettre de définir les notions de *quartile*, *décile* et *centile* (ou *percentile*). On désigne par ces termes les scores qui ne sont pas dépassés ou atteints par 25, 50, 75... % ou 10, 20, 30... % ou enfin 1, 2, 3... % des individus testés. Supposons que le sujet le plus désavantagé ait obtenu 0/60, le 100e 15/60, le 200e 34/60, le 300e 48/60, le 400e enfin 58/60. Je dispose maintenant d'une base sûre d'appréciation et de comparaison et je saurai que, s'il m'arrive de tester un individu nouveau et qu'il obtienne par exemple 32/60, cela veut dire que cette cote se situe entre les premier et deuxième quartiles (ou médian), autrement dit que le sujet considéré prend place dans le deuxième quart de la population à laquelle il appartient, classée par ordre de mérite ascendant. J'ai *étalonné* mon test, et ce procédé essentiel me fournit en même temps, du test en général, une définition rigoureuse. C'est, comme on le voit, un *moyen de situer un individu dans une distribution statistique*.

La précision s'accroît, évidemment, si l'on utilise, au lieu de quartiles, des déciles ou des centiles. Elle se fait plus rigoureuse encore si l'on exprime les résultats bruts *(raw scores)* en écarts types

---

[1] Nous supposons que ces connaissances peuvent varier de façon continue et que chaque cote entière obtenue au test correspond à un intervalle allant de -0.5 à $+0.5$, par exemple 38 à l'intervalle 37.5 - 38.5.

ou déviations standard à partir de la moyenne *(standard scores, z-scores, écarts réduits)*.

Il faut savoir que l'échantillonnage auquel nous avons recouru, est supposé donner une idée approchée de la distribution générale des résultats qui seraient obtenus à partir de la population totale, et même à partir d'une population infinie de même type. Les résultats de l'échantillonnage peuvent être représentés graphiquement par un *diagramme de fréquence* ou *histogramme*, ceux (théoriques) de la population infinie par une *courbe de fréquence* que l'on se croit en droit d'*identifier à la courbe de distribution normale* décrite par Gauss. Cette courbe est définie par l'équation :

$$y = \frac{1}{\sigma\sqrt{2\pi}} \; e^{-(x-\mu)^2/2\sigma^2}$$

où figurent deux paramètres : μ, la *moyenne*, mesure de la tendance centrale de la distribution, et σ, l'*écart type* ou *déviation standard*, mesure de sa dispersion. On considère que des estimations satisfaisantes de μ et de σ sont fournies par la moyenne m des résultats obtenus à l'échantillonnage $\left(\dfrac{\Sigma X}{n}\right.$: somme des résultats divisée par le nombre de sujets) et par l'écart type s qui se fait jour dans les mêmes conditions $\left(\sqrt{\dfrac{\Sigma x^2}{n}}\right.$ ou $\sqrt{\dfrac{\Sigma x^2}{n-1}}$: racine carrée de la somme des carrés des déviations à partir de la moyenne, cette somme étant divisée par le nombre de sujets, éventuellement diminué de 1, si ce nombre n'est pas très élevé) [1].

Dès lors, connaissant la moyenne présumée des résultats obtenus à un test par une population donnée, ainsi que l'écart

---

[1] Ces estimations peuvent être entachées d'erreurs dites d'*échantillonnage (sampling error)*, mais les méthodes statistiques permettent d'apprécier ces dernières et de calculer l'*intervalle de confiance* dans lequel se situent, au niveau de probabilité de 0.05 ou 0.01, les valeurs exactes de μ et de σ, grâce à l'estimation de l'écart type de la distribution des moyennes $\left(\dfrac{s}{\sqrt{n}}\right)$ et des écarts types $\left(\dfrac{s}{\sqrt{2n}}\right)$ d'échantillons successifs de n cas, estimation qu'il est possible d'établir à partir d'un seul échantillon. Nous renvoyons pour tout ceci aux traités de statistique psychologique : B. J. UNDERWOOD et al., *op. cit.;* A. L. EDWARDS, *Statistical methods…;* enfin O. L. LACEY, *Statistical Methods in Experimentation*, Macmillan, 1953 (excellent, quoique tout à fait élémentaire).

type intervenant dans cette occasion, je puis calculer la déviation du résultat qui m'intéresse à partir de ladite moyenne et exprimer cette déviation en σ ou fractions de σ. Ce faisant, je transforme un score brut en *score standard*, doté d'une signification statistique précise. La valeur obtenue permet de retrouver immédiatement le centile où se situe le résultat considéré, moyennant consultation de la table des aires délimitées par des portions variables de la courbe gaussienne, aires qui correspondent, comme on sait, à autant de fréquences relatives ou de degrés de probabilité. On y verra, par exemple, qu'une déviation de 2σ au-delà de la moyenne ne laisse en dehors d'elle que 0.023 de l'aire totale de la courbe, ce qui situe le résultat correspondant au 98e centile.

La transformation d'une échelle de *scores bruts* (de soi, malgré l'apparence, échelle ordinale) en *échelle de centiles* ou en *échelle standard (standard scale)* fournit d'excellents exemples de l'ingéniosité déployée par les psychologues pour perfectionner leurs systèmes de mesure. Si remarquables et si fructueuses qu'apparaissent ces tentatives, on ne peut celer qu'elles restent entachées de notables défauts. Mesurée en σ ou fractions de σ, la différence entre les centiles médians (par exemple le 45e et le 55e) est beaucoup plus réduite que celle qui se fait jour aux extrémités de l'échelle (par exemple, entre le 1er et le 10e ou entre le 90e et le 100e). D'autre part, la mesure en *écarts types* ne se justifie que si la dispersion des scores obéit aux lois de la distribution normale, ce qui reste à prouver [1].

***

La première condition exigée d'un test est donc qu'il soit *étalonné* (plutôt que d'une condition, il s'agit là, à vrai dire, d'une note constitutive figurant dans la définition même du test).

Une seconde qualité consiste en sa *fidélité* ou *constance*

---

[1] Nous ne pouvons que mentionner les récentes tentatives de statistiques « non paramétriques » et « distribution free ». Cf. S. SIEGEL, *Nonparametric Statistics for the behavioral Sciences*, McGraw Hill, 1956.

(reliability). Le test ne mérite évidemment confiance, en tant qu'instrument de mesure, que si, appliqué dans les mêmes circonstances, il donne les mêmes résultats. Pour mesurer la fidélité d'un test, on calcule la corrélation apparaissant entre les deux séries de cotes obtenues par un nombre suffisant de sujets au même test appliqué deux fois, moyennant intervalle convenable *(test - retest)*; ou encore la corrélation apparaissant entre les deux moitiés préalablement dissociées et considérées comme équivalentes d'un même test (par exemple, la série des questions paires et celle des questions impaires (*Split-half* ou *odd-even*).

Une troisième qualité d'un test est constituée par sa *sensibilité* ou faculté de différencier avec plus ou moins de finesse les sujets testés.

Enfin, une dernière condition capitale du test consiste en sa *validité (validity)*. Nous avons déjà rencontré la notion de validité en parlant de l'expérimentation en général et rappelé qu'une expérience valide est celle qui isole réellement la variable qu'elle veut atteindre. Pareillement, un test est valide lorsqu'il mesure réellement ce qu'il prétend mesurer — on pourrait dire, en termes plus familiers, lorsqu'il mérite réellement son nom. Par exemple, je ne me compromets nullement en intitulant *test de barrage de lettres* une épreuve imposant effectivement de barrer des lettres déterminées dans un texte suivi. Mais si je donne à cette épreuve le nom de *test d'attention*, il m'incombe de prouver que l'opération qui consiste à barrer des lettres (R) fournit une mesure satisfaisante de la fonction mentale, beaucoup plus générale, d'attention (aspect de I) et varie en accord avec elle. Il y a, dans ce cas, matière à validation.

Pour valider un test, on calcule — naturellement, sur le même groupe de sujets — la corrélation apparaissant entre les résultats du test et ceux obtenus à un autre test, préalablement validé; ou la corrélation entre les résultats du test et les succès obtenus dans une tâche déterminée (intelligence — succès scolaires; aptitudes professionnelles — excellence dans le métier); ou encore la corrélation entre les résultats du test et les cotes ou notes carac-

téristiques attribuées aux sujets par des juges compétents (*raters*).
— Exemple : validation de tests de tendances névrotiques ou psychotiques par l'opinion des cliniciens). Enfin, nous verrons bientôt, en parlant de l'analyse factorielle, qu'il existe une méthode de validation beaucoup plus rigoureuse, de sens exactement inverse, et en quelque sorte descendante, qui permet de passer d'un *facteur* aux tests *saturés* en ce facteur.

* * *

L'exposé très général que nous tentons ici, n'exige pas que nous entrions dans le détail de la classification des tests actuellement en circulation et se chiffrant par milliers [1]. Bornons-nous à en rappeler les principales catégories. On distingue :

1° Des TESTS DE CONNAISSANCES SCOLAIRES OU PROFESSIONNELLES *(achievement tests)* servant à la *sélection*.

2° Des TESTS D'APTITUDES SCOLAIRES *ou* PROFESSIONNELLES servant à l'*orientation*. Exemples : les tests d'aptitude mécanique (Stenquist) ou d'aptitude musicale (Seashore). On peut y joindre les QUESTIONNAIRES D'INTÉRÊTS PROFESSIONNELS (Strong, Kuder), relatifs, non plus aux aptitudes, mais, ce qui est au fond beaucoup plus important, à la motivation des sujets.

3° Les tests mesurant des fonctions mentales plus générales, telles que L'ATTENTION (test de barrage de lettres), la MÉMOIRE (liste de chiffres, de syllabes, de mots à mémoriser ou à associer),

---

[1] Les principaux sont édités par la *Psychological Corporation*, New York, 522, Fifth Avenue, et énumérés et décrits dans son catalogue annuel. Beaucoup d'entre eux ont été étudiés ou adaptés par le *Centre de Psychologie Appliquée* du Dr P. Pichot, 15, rue Henri Heine, Paris, XVIe, qui a pour succursale en Belgique le *Centre Belge de Psychologie Appliquée*, 118, rue Froissart, Bruxelles. Le *Centre de Psychologie Appliquée* a édité un excellent catalogue, constamment tenu à jour. On se reportera pour plus de détails sur la théorie et les catégories de tests aux ouvrages de Pichot, en particulier — pour une première initiation — à son excellent petit livre : *Les tests mentaux*, Coll. Que sais-je?, P.U.F., 1954. Pour un traitement plus approfondi, on consultera : L. J. CRONBACH, *Essentials of Psychological Testing*, New York, Harper, 1949; Fr. S. FREEMAN, *Theory and Practice of Psychological Testing*, New York, 1949² (1935¹); F. L. GOODENOUGH, *Mental Testing : its history, principles, and applications*, New York, Rinehart, 1949; H. GULLIKSEN, *Theory of mental testing*, New York, Wiley, 1950; E. B. GREENE, *Measurements of human Behavior*, New York, Odyssey Press, 1952².

L'IMAGINATION (mots de plus en plus compliqués à épeler à l'envers), la PENSÉE ABSTRAITE ET CONCEPTUELLE (tests de Goldstein-Scheerer; de Vigotsky-Hanfmann-Kasanin).

La plupart de ces tests datent des débuts de la psychologie différentielle. Ils sont doublement sujets à caution. La liste de « facultés » qu'ils prétendent mesurer, est héritée, sans critique suffisante, de la psychologie philosophique ou populaire. A supposer cette liste valable, la validation des épreuves fait question.

L'analyse factorielle a complètement renouvelé la carte des fonctions ou aptitudes premières de l'esprit *(primary mental abilities)* et indiqué, à l'occasion de chacune, le test qui la fait intervenir au maximum : aptitudes motrices (précision, dextérité, rapidité, temps de réaction), perception visuelle (acuité sensorielle, perception ou mémoire de l'espace, enregistrement de gestalt, visualisation de mouvements, vitesse perceptive), perception auditive (acuité sensorielle, discrimination des hauteurs, des intensités et des timbres, reconnaissance de complexes sonores), fonctions intellectuelles supérieures (intelligence générale; raisonnement : induction et déduction; aptitudes spatiale, numérique et verbale; fluidité verbale; mémoire à long terme et mémoire immédiate) [1].

4º LES TESTS D'INTELLIGENCE *ou* DE NIVEAU MENTAL. Ils varient avec la conception que l'on se fait de l'intelligence, le matériel du test : verbal ou non verbal, le mode d'étalonnage et de validation adopté, enfin les sujets auxquels l'épreuve s'adresse. Distinguons ici :

a) Les TESTS DE DÉVELOPPEMENT POUR ENFANTS :

Tests pour bébés (exemple : *Gesell developmental Schedules*, avec cotation en Quotient de Développement) [2].

Test *Binet-Simon* (1911) avec ses révisions *Binet-Stanford* ou *Binet-Terman* (1917) et *Terman-Merrill* (1937; 1960) constitué d'épreuves variées, verbales et non verbales (dites *de performance*) correspondant à chaque âge, avec cotation en *Age Mental* (A M) et

---

[1] Cf. PICHOT, *op. cit.*, p. 52 ss. et Ph. VERNON, *The Structure of Human Abilities*, Methuen, Londres, 1950 (tr. fr. P.U.F., 1952).

[2] Adaptation française de O. BRUNET et I. LEZINE, *Le développement psychologique de la première enfance*, P.U.F., 1965².

Quotient Intellectuel $\left(Q I = \dfrac{\hat{a}ge\ mental}{\hat{a}ge\ r\acute{e}el} \right)$. Validation par les succès scolaires.

Les *Échelles de points (point scales)* constitués d'épreuves variées, identiques pour tous les âges, mais solubles dans une plus ou moins grande mesure à chacun d'eux : *Point Scale* de Yerkes; *Echelle d'intelligence pour enfants de Wechsler* (*Wechsler Intelligence Scale for Children* ou WISC) statistiquement très étudiée, et considérée actuellement comme le meilleur test d'intelligence pour enfants.

Les échelles *non verbales* ou *de performance* comme l'*Échelle de performance de Grace Arthur* (constituée de cinq tests : cubes de Knox, planche à encastrement de Seguin, *Stencil Design Test* de Grace Arthur, labyrinthes de Porteus, complètement de figures de Healy).

b) Les TESTS D'INTELLIGENCE POUR ADULTES :

Les uns cherchent à atteindre l'intelligence (comme font, en général, les tests pour enfants) à travers une assez grande variété de questions et de fonctions. Citons :

les *Army Tests alpha* et *beta* (le premier verbal, le second, non verbal) mis au point en 1917 pour la différenciation des recrues dans l'armée américaine;

le *Test de Wechsler-Bellevue* (*Wechsler-Bellevue Intelligence Scale*) actuellement le plus employé et comportant deux parties — verbale et non verbale — pouvant fournir des scores séparés, exprimés en écarts réduits et transposables en Q I.

D'autres s'appuient sur les résultats de l'analyse factorielle, et cherchent, soit à mesurer le *facteur général* ou d'*intelligence générale* (G) dégagé par cette dernière, à l'aide d'épreuves hautement saturées en ce facteur :

— Test *Progressive Matrices* de Raven (faisant intervenir secondairement le facteur spatial),

— Test *Dominos* de Anstey (intéressant secondairement le facteur numérique),

soit à donner une idée d'ensemble de l'intelligence et du psychisme par les résultats obtenus à une batterie de tests factoriellement purs et mesurant les aptitudes mentales primaires dont il a déjà été question (Batterie *Primary Mental Abilities* de L. L. et Th. G. Thurstone).

5° LES TESTS DE CARACTÈRE ET DE PERSONNALITÉ.

On peut les classer en trois catégories d'après le caractère *subjectif, objectif* ou *projectif* des méthodes qu'ils mettent en œuvre.

a) Les QUESTIONNAIRES reposent jusqu'à un certain point sur les capacités d'auto-observation et d'introspection des individus testés. Il est donc normal que le jugement des psychologues concernant ces épreuves ait varié dans la même mesure que leur opinion sur l'introspection. A une période de suspicion a succédé un regain d'intérêt. Toutefois, ce qui intéresse maintenant dans les réponses, ce n'est nullement leur contenu subjectif, mais ce que, éventuellement à l'insu du sujet, elles révèlent, moyennant validation convenable, d'un *trait de caractère* sous-jacent [1]. La notion de ces traits est reprise, soit à l'analyse psychologique et clinique, soit à l'analyse factorielle. Les questionnaires sont *monophasiques* ou *multiphasiques* suivant qu'ils se donnent pour mission d'explorer un ou (simultanément) plusieurs desdits traits.

Parmi les premiers, nous citerons :

— Le *Questionnaire d'Ascendance-Soumission d'Allport (A-S Reaction Study)*.

— Le test de *Masculinité-Féminité* de Terman-Miles *(M-F test)*.

— Le test d'*Etude des Valeurs* d'Allport-Vernon *(Study of Values)*.

— Les tests d'*Adaptation* de Woodworth *(Personal Data Sheet)*, de Thurstone *(Personality Schedule)*, de Rogers *(Test of Personality Adjustment)*, de Bell *(The Adjustment Inventory)*, enfin et surtout, dans le même ordre d'idées, le *Cornell Index*.

Parmi les questionnaires multiphasiques, les plus connus sont :

— Le *Questionnaire de Bernreuter (Personality Inventory)* qui instruit sur les variables suivantes : tendance névrotique, faculté de se suffire à soi-même *(self-sufficiency)*, introversion — extraversion, dominance — soumission.

---

[1] Cf. CATTELL, *Personality*, McGraw Hill, 1950, p. 53. On se reportera à ce que nous avons dit plus haut (p. 65) de la portée des informations fournies par l'analyse interne.

— Le MMPI ou *Minnesota Multiphasic Personality Inventory*, qui mesure les neuf traits suivants, inspirés pour la plupart de la nosologie psychiatrique : hypochondrie, dépression, hystérie, psychopathie, masculinité — féminité, paranoïa, psychasthénie, schizophrénie, hypomanie.

— Enfin les questionnaires inspirés de l'analyse factorielle : *Thurstone Temperament Schedule* et XVI *P.F.* de R. B. Cattell.

b) Les TESTS OBJECTIFS renseignent sur un aspect (ou facteur) de la personnalité par la mesure d'un segment de comportement, supposé révélateur de cet aspect. Citons parmi eux les tests relatifs au niveau d'aspiration, à la frustration, etc. étudiés par Lewin et son école; les tests de composante névrotique *(neuroticism)*, et d'introversion — extraversion, mis au point au *Maudsley Hospital* par Eysenck et ses élèves; enfin les tests de *persévération* et de *fluidité* proposés par Cattell.

c) Les TECHNIQUES PROJECTIVES ont connu au cours des vingt dernières années un développement prodigieux et, jusqu'à un certain point (peut-être excessif), éclipsé toutes les autres formes d'étude de la personnalité. Les plus anciennes, qui restent sans doute les plus valables, sont le *Test d'association verbale* de Jung, le test des taches d'encre à structurer de Rorschach, et le *Test d'Apperception Thématique* (ou gravures à interpréter par des histoires) de Murray (TAT). Il faudrait ajouter que, aussi bien que les tests d'intelligence, ces épreuves comptent parmi leurs initiateurs de la première heure, d'une part Alfred Binet, dans ce livre étonnant, dont le titre restreint bien indûment le propos : *L'étude expérimentale de l'intelligence* (1903), d'autre part, Galton, Burt et leurs élèves [1].

Le caractère essentiel de ces techniques est qu'elles présentent un stimulus très faiblement structuré (mots inducteurs, taches d'encre, gravures floues) qui laisse une part considérable à l'inter-

---

[1] Cf. C. BURT, *The factorial Study of Emotions*, dans M. L. REYMERT, *Feelings and Emotions*, McGraw Hill, New York, 1950, pp. 531-551. Cf. p. 535. Sur les techniques projectives, en général, on consultera : J. E. BELL, *Projective Techniques*, Longmans Green, New York, 1948; L. E. ABT and L. BELLAK, *Projective Psychology*, Knopf, New York, 1950; H. H. ANDERSON and G. L. ANDERSON, *An Introduction to Projective Techniques*, Prentice Hall, New York, 1951; D. ANZIEU, *Les méthodes projectives*, P.U.F., 1965².

vention personnelle et imaginative du sujet dans ses réponses (mots induits, formes ou objets vus dans les taches, histoires illustrant les gravures). Mais l'imagination, ici, ne s'exerce pas au hasard. Dans ses productions, le sujet *projette* à son insu des composantes *inconscientes* de sa personnalité, soit structurales (Rorschach), soit dynamiques (TAT). Cette intervention supposée de l'*inconscient psychique* et du phénomène de *projection*, fait deviner qu'à la base de ces techniques s'aperçoivent des fondements psychanalytiques.

Méritent-elles réellement le nom de *tests*? Elles supposent, comme les épreuves jusqu'à présent passées en revue, d'une part, la standardisation du stimulus, et d'autre part la différenciation des sujets par des réponses révélatrices de traits de caractère sous-jacents. Quoique ces réponses présentent souvent un aspect qualitatif et même individuel très poussé, des efforts des plus ingénieux sont faits, par exemple dans le Rorschach et le TAT, pour en poursuivre au maximum la quantification. Le souci d'étalonnage n'en est pas non plus absent. Les manuels de dépouillement du Rorschach présentent, pour toutes les planches, des listes de *réponses populaires*, permettant de caractériser, par contraste, des *réponses originales* ou *aberrantes*. Kent et Rosanoff ont procédé à l'étude statistique des mots le plus fréquemment induits dans une population normale soumise au test de Jung, et Rosenzweig à celle des thèmes d'histoire fournis dans les mêmes conditions par le TAT [1].

Cependant, si l'on se rappelle qu'en rigueur de termes, nous avons défini les tests : *des moyens de situer un individu dans une distribution statistique*, force est alors de reconnaître que tel n'est pas le but des techniques projectives. Leur but est de *comprendre et faire comprendre l'Individu comme tel*, dans le détail et le jeu de son organisation intrapsychique. Elles apparaissent donc comme des instruments essentiels de cette étude clinique de l'individu, dont nous avons déjà à deux reprises (pp. 64-67) souligné la légitimité scientifique. La confusion et le dérèglement des esprits sont devenus tels que *comprendre*

---

[1] *Apperceptive Norms for the Thematic Apperception Test*, — *Journal of Personality*, 17 (1949), pp. 475-503. Voir aussi V. et S. A. SHENTOUB, *Recherche expérimentale et clinique du thème banal dans le TAT*, — *Psychiatrie de l'enfant*, 1957, pp. 405-524.

l'individu paraît à certains l'expression d'une attitude purement émotionnelle. Nous maintenons quant à nous, que *comprendre* constitue l'opération essentielle de la raison et de la science, étant entendu que la compréhension de l'individu à laquelle nous pensons indique, non une simple connivence affective, mais une déduction du donné le plus divers — expériences passées du sujet, comportement actuel, réactions aux tests — à partir d'entités théoriques unifiantes, imaginées et postulées *ad hoc* (par exemple un *complexe de culpabilité*).

Ce caractère et cet objectif très particuliers des techniques projectives, retentissent sur la question de leur fidélité et de leur validité, lesquelles se prêtent mal aux méthodes de vérification habituellement en usage avec les tests [1]. L'analyse statistique fait place, ici, à l'analyse clinique, et la prise en considération de vastes groupes de sujets à l'examen approfondi d'un seul. La validité d'un TAT dépendra alors, d'une part de la lumière qu'il projette sur l'ensemble du comportement du sujet, et d'autre part, de la confirmation qu'il en reçoit. Cette sorte de justification circulaire, où description et théorie se compénètrent, peut poser des problèmes délicats et prêter à maintes illusions. Il y a de bons et de mauvais cliniciens, comme aussi de bons et de mauvais théoriciens. C'est l'un des cas où dans la construction de la science, l'imagination et le raisonnement du savant ne peuvent pas être encore remplacés par une machine.

LE CALCUL DES CORRÉLATIONS.

Le calcul des corrélations est une technique mathématique qui permet de préciser dans quelle mesure les changements d'une variable donnée sont liés à des changements correspondants d'une autre variable, autrement dit dans quelle mesure les deux varient solidairement. Ce calcul aboutit à la définition d'un *coefficient de*

---

[1] Voir, pour une revue des critiques adressées de ce point de vue aux techniques projectives, Ph. MULLER, *Doutes sur les méthodes projectives,* — *Revue suisse de Psych.*, 12 (1953), pp. 210-228, et pour une analyse en profondeur de la logique et des objectifs de ces techniques : S. ROSENZWEIG, *Idiodynamics in Personality theory,* — Dialectica, 19/20 (1951), pp. 293-311.

corrélation r [1] dont les valeurs s'échelonnent entre $+ 1$ (corrélation parfaite) et $- 1$ (corrélation parfaite inverse) en passant par 0 (corrélation nulle).

Dans quelle mesure, par exemple, un élève fort en latin, a-t-il des chances d'être fort en grec? Nous ne pouvons le savoir qu'en considérant un échantillonnage d'élèves A, B, C..., en mettant en regard les cotes qu'ils obtiennent en latin (X) et en grec (Y), et en calculant le coefficient de corrélation r desdites cotes par la formule :

$$r = \frac{\Sigma xy}{\sqrt{(\Sigma x^2)(\Sigma y^2)}}$$

où x et y représentent les déviations des X et des Y par rapport à leurs moyennes respectives. On peut prévoir qu'en un cas de ce

[1] Appelé coefficient de Bravais-Pearson (en anglais *product moment correlation coefficient*). La technique du calcul des corrélations, ici définie, n'est applicable que quand les variables en question sont *normalement* distribuées, postulat que nous avons déjà vu intervenir dans le traitement mathématique des tests. D'autre part, elle suppose que la relation entre les deux variables est de nature *linéaire*, c'est-à-dire que les accroissements de l'une correspondent à des accroissements (ou décroissements) *constants* de l'autre. Enfin, la signification, pour la population totale, d'un coefficient de corrélation quelconque obtenu sur un échantillonnage, doit toujours être établie au moyen de tables spéciales qui indiquent si, le r dans la population totale étant supposé nul, il y a moins de 0.05 ou 0.01 de probabilité d'obtenir par hasard le r de l'échantillonnage. Plus généralement, les méthodes statistiques permettent de calculer les valeurs extrêmes du r de la population qui s'accommodent du r de l'échantillonnage au seuil de probabilité de 0.05 ou 0.01 *(limites de confiance)*.

Ajoutons que, si un coefficient de corrélation significatif a été obtenu, il est possible de prédire approximativement la valeur prise dans un cas donné par l'une des variables (Y) à partir de la valeur correspondante de l'autre variable (X) au moyen de l'*équation de régression* :

$$Y \text{ prédit} = \left(\frac{r\,\sigma y}{\sigma x}\right) X - \left(\frac{r\,\sigma y}{\sigma x}\right) M_x + M_y$$

Cette valeur, plus ou moins approximative, ne devient tout à fait exacte que pour r = 1. L'expression $\frac{r\,\sigma y}{\sigma x}$, équivalente, comme on le prouve aisément à $\frac{\Sigma xy}{\Sigma x^2}$, constitue le *coefficient de régression* qui permet de définir la *ligne de régression* des Y sur les X et passant par leurs moyennes respectives. On a alors $y = \left(\frac{\Sigma xy}{\Sigma x^2}\right) x$ où x et y désignent les déviations des X et des Y à partir de leurs moyennes.

Il existe d'autres coefficients de corrélation, par exemple, en cas de séries purement ordinales, le *rank-difference coefficient* forcément moins précis :

$$r' = 1 - \frac{6\,\Sigma\,d^2}{n\,(n^2 - 1)}$$

où d désigne les différences entre les rangs, et n le nombre de couples de valeurs.

genre, la corrélation, sans être parfaite, atteindrait des valeurs élevées, plus proches de 1 que de 0.

Il suffit de réfléchir si peu que ce soit sur la méthode des tests pour comprendre que son utilisation repose essentiellement sur le calcul des corrélations. Le test, avons-nous dit, prétend remonter de la valeur d'une réponse (R) à celle d'un certain aspect de l'Individu (I). Mais comme ledit aspect ne peut s'extérioriser et même se définir que par une gamme plus ou moins large d'autres réponses, on se trouve toujours, lorsqu'on s'occupe de tests, devant le problème de la liaison entre deux réponses, et de la prédiction possible de l'une sur la base de l'autre.

Dans cette perspective, on peut distinguer trois utilisations possibles du calcul des corrélations :

1° Corrélation du test avec lui-même *(fidélité)*;

2° Corrélation du test avec la fonction psychique qu'il prétend mesurer, c'est-à-dire avec la gamme de réponses émanant de cette fonction *(validité)*;

3° Enfin, et ceci est beaucoup plus général et rend possible un nouveau progrès dans la recherche : un certain nombre de tests, sur lesquels nous n'avons pas d'opinion *a priori*, se trouvant appliqués à un même groupe d'individus, la question peut se poser de savoir s'ils mesurent des aptitudes identiques, voisines ou complètement indépendantes. Un coefficient de corrélation très élevé et voisin de 1 conduirait à la conclusion que les tests considérés ne constituent que des variantes d'une même épreuve fondamentale, relative à la même aptitude. Un coefficient nul indiquerait des aptitudes totalement distinctes. Un coefficient notable, quoique loin de l'unité, impliquerait un certain recouvrement entre les tests, ou plutôt entre les fonctions mentales qu'ils font intervenir.

Le calcul des corrélations permet donc — après qu'un certain nombre d'aptitudes ont été provisoirement distinguées et logées hypothétiquement dans l'esprit en relation avec autant de tests ou de groupes de tests correspondants — d'aborder le problème de la liaison entre aptitudes et de chiffrer cette liaison.

En resterons-nous là? Si les aptitudes en question se recouvrent à des degrés variables, c'est apparemment que ces entités d'où nous étions partis n'ont qu'une valeur provisoire, et demandent à être remplacées par d'autres, *en plus petit nombre*, qui rendent compte, non seulement des résultats obtenus aux tests, mais encore des intercorrélations se faisant jour entre ces résultats. Ici intervient une nouvelle technique mathématique, qui s'appuie sur les coefficients de corrélation entre tests, comme le calcul des corrélations s'appuyait sur les scores de ces derniers, et qui cherche à calculer, à partir de la *matrice des corrélations*, une *matrice de facteurs* responsables de celles-ci : *l'analyse factorielle* [1].

[1] Issue des travaux ou suggestions de Galton et Pearson, cette technique a eu pour promoteurs initiaux dans le domaine de la psychologie les Anglais : Charles Spearman et sir Cyril Burt. Du premier de ces auteurs, il faut citer ici l'œuvre entière, aussi riche en suggestions théoriques que méthodologiques :
1. *The Proof and Measurement of Association between two Things*, — Americ. *J. of Psychology*, 15 (1904), pp. 72-101; 2. "*General Intelligence*" *Objectively Determined and Measured*, — *ibid.*, pp. 201-293; 3. *The Nature of Intelligence and the Principles of Cognition*, Londres, Macmillan, 1923; 4. *The Abilities of Man*, Macmillan, 1927, traduit en français par Brachet, *Les aptitudes de l'homme*, Paris, 1936; 5. *Psychology down the Ages*, 2 v., Macmillan, 1937; 6. *Human Ability* (en coll. avec L. L. Jones), Macmillan, 1950.

Spearman s'intéresse à peu près exclusivement à l'aspect cognitif de la personnalité. Il met en évidence dans chaque épreuve un facteur général (G) et un facteur spécifique (s), proposant ainsi la *théorie des deux facteurs (two factors theory)*. Sa méthode d'analyse factorielle (ordre hiérarchique et équations tétrades) était conçue essentiellement pour l'extraction de G. Cependant, dans son dernier ouvrage, Spearman finit par faire une place aux *facteurs de groupe ("broad factors")*. Sa théorie et sa méthode avaient été adaptées en ce sens par Holzinger, promoteur de la solution *bifactorielle* (Cf. HOLZINGER-HARMAN, *Factor Analysis, a Synthesis of Factorial Methods*, Univ. of Chicago Press, 1941).

A peu près contemporaine des travaux de Spearman (et quelque peu injustement éclipsée par eux), l'œuvre de Burt s'intéresse, non seulement à la sphère cognitive, mais également à la sphère caractérielle (émotive et conative ou orective), et même au domaine complexe des intérêts, attitudes et opinions. Burt croit à une hiérarchie de facteurs : *général, facteurs de groupes, facteurs spécifiques, facteurs accidentels* correspondant à la division des Logiciens en : *genre, espèce, propre* et *accidents*. Il est l'initiateur en psychologie de la méthode d'extraction de facteurs multiples (extraction successive de facteurs par la méthode de sommation; axes orthogonaux et facteurs non corrélés).

On lira de cet auteur :
1. *The Factors of the Mind, an Introduction to Factor Analysis in Psychology*, Macmillan, 1941;
2. *The factorial Study of Emotions*, dans REYMERT, *Feelings and Emotions*, McGraw Hill, 1950, pp. 531-551.

A ces deux grands noms de l'Ecole Britannique, on joindra ceux de G. H. Thomson et de Ph. Vernon. On lira de ces auteurs :
W. BROWN and G. H. THOMSON, *The Essentials of Mental Measurement*, Cambridge Univ. Press, 1911, 4ᵉ éd., 1940; G. H. THOMSON, *The Factorial Analysis of Human Abilities*, Houghton — Mifflin, 1939; Ph. VERNON, *The Structure of Human Abilities*, Methuen, 1950, traduit en français : *La structure des aptitudes humaines*, P.U.F., 1952 (excellent résumé des travaux et résultats de l'école anglaise).

L'ANALYSE FACTORIELLE ET SES RÉSULTATS.

L'analyse factorielle s'est révélée en peu d'années comme l'une des plus puissantes méthodes dont dispose le psychologue (assisté du mathématicien) pour dresser une sorte de carte géographique de l'esprit tant sous son aspect cognitif qu'affectif et conatif. Cette méthode a ses partisans exclusifs, ses dévots, même ses fanatiques. Nous n'aurons garde d'en contester le prodigieux intérêt. Encore importe-t-il de préciser ses limites exactes d'application et de validité.

Les travaux de Burt sur la personnalité ont été poursuivis en Grande-Bretagne par H. J. EYSENCK :
Dimensions of Personality, Routledge and Kegan, Londres, 1947 (tr. fr. P.U.F.); *The Scientific Study of Personality*, Routledge, 1952; *The Structure of Human Personality*, Methuen, 1953; *The Psychology of Politics*, Routledge, 1954;
et par R. B. CATTELL (ce dernier passé, cependant, aux Etats-Unis) :
Description and Measurement of Personality, Yonkers, N. Y. World Book, 1946; *Personality, a Systematical, Theorical and Factual Study*, McGraw Hill, 1950; *Factor Analysis : an Introduction and Manual for the Psychologist and Social Scientist*, New York, Harper, 1952; *Personality and Motivation Structure and Measurement*, World Book, 1957; *The Sixteen Personality Factor Questionnaire*, Institute for Personality and Ability Testing, Champaign, Ill., 1950, 1957².

Entre-temps, cependant, des contributions capitales avaient été apportées en Amérique par T. L. Kelley, K. J. Holzinger, J. P. Guilford, et surtout L. L. Thurstone, qui mérite de figurer, à côté de Spearman et de Burt, parmi les plus grands maîtres de l'analyse factorielle, et même de la psychologie en général.

La méthode de Thurstone *(centroid method)*, inspirée de Burt, permet d'extraire simultanément plusieurs facteurs. Mais Thurstone propose une rotation éventuelle des axes, permettant de donner une signification psychologique aux facteurs extraits, et de laisser transparaître les intercorrélations (de second ordre) de ces facteurs. Il commence donc par dégager les facteurs de groupe, et seulement ensuite les facteurs plus généraux. Les principaux travaux de Thurstone sont les suivants :
The Vectors of Mind, Univ. of Chicago Press, 1935; *Multiple Factor Analysis*, ibid., 1947 (révision et expansion du précédent); *Primary Mental Abilities*, Psychometric Monographs, 1, University of Chicago Press, 1938; *Factorial Studies of Intelligence*, Psych. Mon., 2, 1941; *A Factorial Study of Perception*, Psych. Mon., 4, 1943.

Les travaux de Spearman et Burt, d'une part, Thurstone de l'autre, ont pu donner au début l'impression de conduire à des résultats assez différents, en liaison d'ailleurs avec les méthodes ou variantes de méthodes utilisées. La vérité est qu'après vingt ans écoulés et toutes sortes d'oppositions secondaires perdant de leur importance, ces résultats apparaissent maintenant largement compatibles. La seule différence est que les psychologues britanniques commencent par dégager le facteur général (G) et seulement ensuite les facteurs de groupe, optant ainsi ouvertement pour une conception *hiérarchique* des facteurs et des aptitudes, tandis que les Américains procèdent initialement à l'extraction de la pluralité de facteurs de groupes auxquels ils s'intéressent surtout, et ne se résignent qu'ensuite à passer au *second order factor* révélé par les intercorrélations des facteurs de groupe.

On lira, en français, M. REUCHLIN, *Méthodes d'analyse factorielle* à l'usage des Psychologues, P.U.F., 1964.

Observons d'abord que la matière première de l'analyse est constituée par les tests, et que ces tests valent ce que vaut le sens psychologique de leur inventeur. De ce point de vue, le factoriste apparaît comme l'auxiliaire obligé (et parfois comme le parasite) du psychologue. Il est bien évident que, quelles que soient la multiplicité et la variété des épreuves intellectuelles ou caractérielles actuellement en circulation, une infinité d'autres restent possibles, qui révéleraient peut-être des *facteurs* insoupçonnés. Sans doute, Cattell a-t-il pris conscience de cette difficulté, et tenté de la résoudre en fondant son travail d'analyse, non pas tant sur les résultats des tests, que sur des *ratings* concernant les différents *traits* psychologiques dont la langue courante fournirait une nomenclature selon lui exhaustive. (On reconnaît là la direction de pensée d'Allport). C'est tomber de Charybde en Scylla et, pour éviter les incertitudes d'une psychologie *scientifique* encore inexperte, faire retour à la psychologie *populaire*.

Un second problème concerne l'interprétation des facteurs dégagés par le mathématicien et la signification *psychologique* qu'il convient de leur attribuer. Ce ne sont là *initialement* qu'*entités mathématiques*, permettant de substituer à un grand nombre de variables et de mesures un plus petit nombre qui rende compte intégralement de celles-ci. Beaucoup de théoriciens (Burt, Thomson, Vernon) s'en tiennent — au moins en principe — à cette vue. Selon eux, les facteurs doivent être considérés « comme des catégories permettant de classer les performances mentales ou comportementales, plutôt que comme des entités situées dans l'esprit ou dans le système nerveux » (Vernon, p. 8). D'autres, et parmi les plus grands (Spearman, Thurstone, Cattell), vont plus loin. Les facteurs dégagés par le mathématicien correspondent obligatoirement à leurs yeux aux entités ou principes d'explication manipulés par le psychologue et éventuellement mis en lumière par d'autres méthodes. Le problème se pose alors du *sens psychologique* des facteurs extraits, et ce problème se résout, soit par l'inspection des épreuves où ils interviennent au maximum, soit par l'examen de certaines réussites extérieures aux tests, et liées apparemment auxdits facteurs. Cette seconde interprétation a fini par s'imposer. La nature complexe, mathématico-psychologique, des facteurs entendus de cette manière a été excellemment définie par Cattell : « La méthode qui consiste à soumettre au calcul des corrélations et à l'analyse factorielle les traits élémentaires, peut être regardée comme une recherche des dimensions de la personnalité, c'est-à-dire du nombre limité de *directions* vraiment indépendantes dans lesquelles la personnalité doit être mesurée pour se voir adéquatement décrite. Il en est comme d'un objet physique quelconque, qui ne peut être caractérisé que par des mesures intervenant dans le nombre variable de dimensions impliquées : trois dimensions pour une boîte, deux pour une pelouse... Il est clair que le premier grand avantage de l'analyse factorielle est de substituer la mesure d'un petit nombre de facteurs (une douzaine, jusqu'à présent) à la mesure de centaines et même de milliers de traits élémentaires. Mais son second avantage est que les traits de base ainsi découverts promettent de constituer les influences structurales réelles qui gouvernent la personnalité et que nous sommes dans l'obligation de prendre en considération dans les problèmes concernant le développement, les relations psychosomatiques, enfin l'intégration dynamique » [1]. Et encore : « La mesure du comportement en facteurs n'est donc pas seulement plus économique et plus fondamentale, elle constitue de plus la première phase d'une procédure analytique visant à découvrir la structure et la fonction de la personnalité » [2].

S'il en est ainsi, on comprend que l'analyse factorielle, bien loin de supplanter l'analyse psychologique, requière impérieusement son concours, soit qu'elle soumette à contrôle les suggestions de cette dernière, soit qu'elle lui propose à interpréter ses résultats propres. Et l'on comprend aussi que les plus grands parmi les factoristes se soient trouvés être ceux qui unissaient à la ressource mathématique le sens psychologique le plus délié : un Spearman, un Burt, un Thurstone.

Rappelons brièvement ce qui, dans leurs suggestions, peut

[1] *Personality*, 1950, pp. 26-27.
[2] *Ibid.*, p. 27. Sur les notions corrélatives de *structure* et *fonction*, cf. p. 47.

être considéré provisoirement comme acquis. Dans la sphère cognitive, on admet assez communément aujourd'hui un *facteur général* G identifié à l'*Intelligence générale* [1], et un petit nombre de *facteurs de groupe* : facteurs verbal, numérique et spatial (V, N, K ou S) suivant l'Ecole Anglaise, auxquels s'ajoutent selon Thurstone un facteur verbal secondaire (W : *verbal fluency*), un facteur perceptif (P : *perception of small details*), un facteur mémoire (M : *memory*), enfin deux facteurs raisonnement, peut-être à confondre en un seul (I : *induction*, D : *déduction*, ce dernier sujet à caution et finalement exclu). La liste finale des *Primary Mental Abilities* se ramène donc, suivant Thurstone (le facteur général demeurant réservé) à V, W, N, S, P, M, I.

Dans la sphère caractérielle, aussi bien normale que pathologique et névrotique, les fondements ont été posés par Burt, sous la forme d'un facteur général d'*émotionalité* stable ou instable, rappelant l'*énergie mentale* de McDougall ou la *Libido* de Jung, et rendant compte de 50 % de la variance; et de deux *facteurs de groupe* orthogonaux et bipolaires, l'un *sthénique/asthénique* (ou *extroverti/ introverti* ou *cyclothyme/schizothyme* ou encore *démonstratif/inhibitif*) qui explique 13 % de la variance et se manifeste éventuellement dans les groupes de névroses : hystérie et obsession, d'une part, anxiété et neurasthénie de l'autre; l'autre *euphorique/dysphorique*, qui explique 6 % de la variance. Ces résultats ont été partiellement confirmés par Eysenck et considérablement nuancés et enrichis par Cattell [2].

[1] Ce qui n'est pas dire grand-chose, en tout cas grand-chose de précis. L'Intelligence générale a été successivement identifiée par Spearman avec la faculté de discrimination, l'énergie mentale, enfin une combinaison de noogénèse et d'abstraction, G mesurant l'énergie avec laquelle cette combinaison s'exerce. La noogénèse comprend comme on sait, les trois opérations d'*apperception du donné, éduction des relations*, et *éduction des corrélatifs* (et non des *corrélations*, comme on l'a écrit inexactement quelquefois : *eduction of correlates*).
— On lira sur l'analyse factorielle de l'intelligence : P. OLERON, *Les composantes de l'intelligence d'après les recherches factorielles*, P.U.F., 1957.

[2] La liste proposée par cet auteur dès 1946 a subi des retouches successives dans ses ouvrages de 1950 et 1956, ainsi que dans le 16 P.F. Test. Sur la base des *Behavior or Life ratings* (L) et des *Questionnaires* (Q), l'auteur distingue 15 facteurs de premier ordre :
A. *Cyclothymia* vs. *Schizothymia* (cf. Burt, facteur de groupe I).
B. *General Intelligence* vs. *Mental Defect*.
C. *Ego Strength* vs. *Neuroticism* (cf. Burt, facteur général).
D. *Excitability, Insecurity*.
E. *Dominance* vs. *Submissiveness*.

F. *Surgency* vs. *Desurgency* (cf. Burt, facteur de groupe II).
G. *Super-ego Strength.*
H. *Parasympathetic Immunity* vs. *Threat Reactivity ("Parmia"* vs. *"Threctia").*
I. *Protected Emotional Sensitivity* vs. *Hard Realism ("Premsia"* vs. *"Harria").*
J. *Cultural Pressure Conflict Asthenia* vs. *Zestfull Cooperation ("Coasthenia").*
K. *Conformity or cultural Amenability through Good Parent Self Identification* vs. *Abhorring and rejecting Cultural Identification ("Comention").*
L. *Protension or Paranoid Trend* vs. *Inner Relaxation.*
M. *Autia* vs. *Praxernia* (absence ou présence au monde).
N. *Shrewdness* vs. *Naivety.*
O. *Guilt proneness or Timidity* vs. *Confidence.*

Des questionnaires seuls, on dégage les facteurs supplémentaires suivants :
Q1 *Radicalism* vs. *Conservatism.*
Q2 *Self-Sufficiency.*
Q3 *Self Sentiment control.*
Q4 *Ergic Tension, Id Demand, or Conflict Pressure.*
Q5 *Fantasy tendency.*
Q6 *Psychoticism.*
Q7 *Selfconsciousness in public.*
Q8 *Alert Extravert Interest.*

A ces facteurs de premier ordre se superposent des facteurs de second ordre, considérés par Cattell comme des " organizers " physiologiques ou sociologiques, ou encore comme des résultantes psychologiques des premiers :
I. *Extraversion* vs. *Introversion.*
II. *Anxiety* vs. *Integration.*
III. *Sensitivity.*
IV. *Unbroken Success* vs. *Maturity by Frustration.*
V. *Constitutional Adaptability.*
VI. *Catatonic Disposition.*

Enfin les tests de comportement font dégager quelque trente-deux facteurs de premier ordre, et sept facteurs de second ordre qui, le plus souvent, leur sont propres, mais parfois sont à rapprocher des facteurs de premier ou de second ordre de l'autre série.
Parmi les premiers, relevons :
T23 *Neural Hypothalamic Reserve* vs. *Neuroticism* (cf. Eysenck).
T24 *Anxiety* (cf. L et Q II).
T25 *Realism* vs. *Psychoticism.*
T32 *Extraversion* vs. *Introversion* (cf. L et Q I et Eysenck).
Parmi les seconds :
Tvii *Pathological tension or disorganization* (cf. L et Q II et T23, 24, 25).
Le 16 P.F. Test fait intervenir les facteurs A, B, C, E, F, G, H, I, L, M, N, O, Q1, Q2, Q3, Q4.

Ajoutons qu'après ces enquêtes sur les *Ability traits* et les *Temperament or Personality traits*, le dernier ouvrage de Cattell entreprend l'analyse factorielle des *dynamic traits* qui concernent la motivation, et retrouve parmi eux (comme par miracle) d'une part les *composantes motivationnelles* décrites par Freud *(Id, Ego, Super-ego, complexes)*, d'autre part une liste d'instincts fondamentaux très proche de celle de McDougall.

La multiplicité de facteurs, souvent difficiles à définir ou à discerner, à laquelle aboutit le travail de Cattell, n'est évidemment pas satisfaisante pour l'esprit scientifique, épris de simplicité et d'unité. D'une entreprise de factorisation analogue, menée par Eysenck, se dégagent des conclusions autrement claires. Il existe, dans le domaine de la personnalité, des *facteurs de groupe*, correspondant aux *traits* de persistance, rigidité, irritabilité, etc. et, par-delà ces derniers, deux *facteurs généraux*, bipolaires et orthogonaux, qui nous introduisent sur le plan des *types psychologiques* : Normalité — tendance névrotique; introversion — extroversion. Mais ici, c'est peut-être la critique opposée qu'il conviendrait de formuler et il est douteux que la complexité du réel s'explique par un aussi petit nombre de facteurs premiers.

En même temps qu'elle dégage des *facteurs* du genre de ceux qui viennent d'être passés en revue, l'analyse factorielle détermine pour chaque test son degré de *saturation* dans les facteurs qu'il fait intervenir, c'est-à-dire la *corrélation qu'il entretient avec eux*. Ce coefficient de corrélation ou de saturation précise, par le fait même, *jusqu'à quel point le test mesure chacun desdits facteurs*. Le score (standard) z obtenu par un individu à un test quelconque a est alors considéré comme la somme [1] de ses scores dans les différents facteurs en question : 1, 2, 3, chacun de ces scores étant toutefois affecté du coefficient de saturation du test en ces facteurs respectifs :

$$z_a = r_{a1}\, z_1 + r_{a2}\, z_2 + r_{a3}\, z_3$$

formule qui, comme l'a noté Cattell, n'est qu'une application ou un développement de l'équation fondamentale $C = f(I, S)$, z_1, z_2, z_3 désignant les composantes de l'Individu, et r_{a1}, r_{a2}, r_{a3} celles de la situation telle qu'elle se présente à l'Individu.

L'idéal, si l'on veut mesurer le degré d'un facteur chez un sujet, consiste donc à le soumettre à un test saturé au maximum dans ce facteur, et c'est ici que nous rencontrons la validation descendante et déductive à laquelle nous avons fait allusion précédemment.

Donnons à titre d'exemple la composition factorielle des tests *Progressive Matrices* et *Dominos* mentionnés plus haut comme épreuves privilégiées de mesure de G.

Progressive Matrices : G 0.79   K 0.15
Dominos :   G 0.9   N 0.05

On voit à simple inspection que des variations sous le rapport de G retentiront grandement sur le résultat du test tandis que des différences de K ou N n'auront que des effets négligeables.

Au contraire, un test du type *Formboard* (planche à encastrement) présente les saturations suivantes :

Formboard (Vernon, p. 7) : G 0.4   K 0.5

Cela signifie que deux sujets différents peuvent arriver au même

---

[1] La somme ou le produit? La question a été discutée et résolue jusqu'à présent en faveur de la somme. Cf. SPEARMAN, *Human Ability*, p. 10, et CATTELL, *Personality*, 1950, p. 70.

résultat honorable, à partir de dons très dissemblables, l'un excellant en *Intelligence générale*, l'autre en *Aptitude spatiale* [1].

Des enquêtes analogues peuvent être faites concernant l'influence des différents facteurs sur les réussites scolaires. Cette influence varie avec les branches considérées, les épreuves mathématiques, par exemple, ayant une saturation de 0.8/9 en facteur général, les épreuves de dessin, au contraire, une saturation de 0.3/4.

Enfin, on peut se demander quelle valeur gardent, dans la perspective de l'analyse factorielle, des tests d'*intelligence générale* tels que le *Binet-Simon* ou le *Wechsler-Bellevue* à la construction desquels l'analyse factorielle n'a pas présidé. La réponse est que, ces tests comportant un grand nombre d'épreuves et de questions différentes, les facteurs spécifiques intervenant dans chacune varient au hasard et ont tendance à compenser leurs déviations, ce qui a pour effet de dégager le facteur général. Ces épreuves se trouvent donc mesurer l'*Intelligence générale*, sans l'avoir expressément cherché.

---

[1] Ajoutons que la variance totale du test (c'est-à-dire σ^2 ou $\dfrac{\Sigma x^2}{n}$) est égale à la somme des *variances* des différents facteurs qui y interviennent (dans l'occurrence, G, K, plus un facteur spécifique au test : s) :

$$\sigma_T^2 = \sigma_G^2 + \sigma_K^2 + \sigma_s^2$$

Il se trouve que ladite variance est une fonction simple des coefficients de corrélation ou de saturation, les carrés de ceux-ci indiquant la part prise par les variances des différents facteurs dans la variance totale du test, représentée par 1.

L'équation précédente peut s'écrire :

$$1 = \frac{\sigma_G^2}{\sigma_T^2} + \frac{\sigma_K^2}{\sigma_T^2} + \frac{\sigma_s^2}{\sigma_T^2}$$

ou équivalemment :

$$1 = r_{tG}^2 + r_{tK}^2 + r_{ts}^2$$

c'est-à-dire :

$$1 = 0.16 + 0.25 + 0.59$$

Cela signifie que si tous les individus soumis au test *Formboard* étaient uniformisés sous le rapport de G ou de K, la variance du test serait réduite respectivement de 16 % ou de 25 %. La somme des variances des facteurs G et K (c'est-à-dire 0.16 + 0.25) représente la *communauté* du test, le reste (0.59) ce qu'il a de spécifique.

4. — L'explication en psychologie

Personne n'a jamais soutenu qu'une simple collection de *faits*, même minutieusement observés, mesurés, et *décrits*, suffise à constituer œuvre de *science*. Il n'y a pas de science sans un minimum d'organisation, d'*hypothèses explicatives* et de *théorie*. Concernant le rôle et la part de la théorie, cependant, les avis ont varié. On peut distinguer, à ce point de vue, deux groupes d'esprits — *positivistes, rationalistes* — que nul n'a caractérisés avec plus de profondeur que Meyerson. Les points majeurs où ils s'opposent, sont les suivants :

1° Le positiviste est orienté vers l'action et la technique (*scientia propter potentiam*, dit Hobbes), le rationaliste, au contraire, vers la contemplation. L'un est donc mû par des soucis essentiellement pratiques, l'autre cherche à satisfaire la curiosité spéculative et désintéressée qui réside au plus profond de l'esprit humain.

2° Pour atteindre son but, il suffit au positiviste de manipuler des apparences, des *phénomènes*, à la limite de purs *feelings*. Le rationaliste, au contraire, cherche à atteindre les *choses*, les *objets*, les composantes authentiques du *réel*.

3° Entre ces phénomènes, réduits à leur seul aspect quantitatif, le positiviste cherche à établir des *lois* mathématiques et fonctionnelles, reposant sur le postulat du déterminisme. Entre les choses réelles, observées sous tous leurs aspects, qualitatifs autant que quantitatifs, individuels autant que génériques, le rationaliste découvre des relations de *causalité*, déterministes ou non.

4° Dans la *loi*, le positiviste cherche la *prédiction*, qui assure son succès à l'*action*. Les *faits* sont ce qui l'intéresse avant tout, et s'il se permet quelque *théorie*, c'est dans le seul dessein de résumer, en un schéma commode, des ensembles de faits et de relations entre faits. Mû par un souci d'une tout autre nature, le rationaliste cherche par-dessus tout à *comprendre, expliquer, identifier, déduire*, et ces objectifs ne peuvent être atteints que dans le cadre d'une théorie explicative, qui joue ici un tout autre rôle que celui de support de mesures et de relations entre mesures. Exemple : la doctrine de l'*Evolution* en Biologie.

Il suffit de formuler ces oppositions pour prendre conscience que la Science Moderne s'est développée dans une atmosphère imprégnée de positivisme, cependant que le rationalisme peut paraître un état d'esprit désuet, solidaire de l'ancienne société préexpérimentale et prétechnique. C'est bien ce qu'ont soutenu, dans des contextes divers, Auguste Comte, Mach, les théoriciens marxistes et adeptes de la *Praxis*, enfin les positivistes logiques.

Meyerson a montré, cependant, à quel point cette vue serait erronée dans le cas des sciences exactes, et que le mathématicien, le physicien et le chimiste contemporains restent dominés — qu'ils s'en doutent ou non — par des préoccupations essentiellement rationalistes d'explication, voire de contemplation. L'exemple d'un Einstein, celui d'un Russell, tous deux dominés par l'esprit contemplatif, est édifiant à cet égard.

On peut faire une remarque analogue pour la psychologie du XXe siècle. En dépit de déclarations positivistes bruyamment proclamées (surtout par les médiocres), et d'un souci quelque peu obsédant (particulièrement aigu en Amérique) de rejeter tout ce qui, de près ou de loin, rappelle la spéculation philosophique, la science du comportement demeure chez les très grands — un Janet, un McDougall, un Freud, un Lewin, un Hull, un Tolman, un Murray, un Spearman, un Cattell — de structure essentiellement rationaliste. Elle ne cherche pas tant à formuler des lois mathématiques permettant la prévision qu'à faire comprendre des effets à partir de leurs causes. Il faut ajouter que, des deux grandes directions que nous avons distinguées à plusieurs reprises dans la recherche, et que l'on peut nommer pour faire bref la direction *statistique* et la direction *clinique*, c'est évidemment la première qui s'accommode le mieux du schéma positiviste, tandis que la seconde réclame impérieusement un contexte rationaliste. Là est d'ailleurs l'explication d'une certaine dualité latente, et peut-être irréductible, de la psychologie contemporaine [1].

---

[1] Il serait aisé de systématiser cette vue. Aux deux types fondamentaux de points de vue de la psychologie : *cross-sectional* et *longitudinal*, correspondent respectivement les méthodes statistiques et cliniques. Les premières se tiennent plus près de la description,

Tout en convenant donc qu'une conception strictement positiviste de la psychologie est parfaitement possible, et légitime pour ceux qui s'en contentent, c'est au courant rationaliste et meyersonien que nous nous rattacherons avec une pleine conscience (et non pas, comme beaucoup, secrètement et non sans quelque honte ou culpabilité). Il doit être entendu, cependant, qu'en une telle conception, la psychologie reste *science* dans toute la force du terme, et ne doit en aucune manière être confondue avec la psychologie *philosophique* des siècles passés [1].

Mû par cet esprit, nous distinguerons, dans la *théorie psychologique* actuelle, trois niveaux ou paliers successifs, qui vont du minimum prôné par le positivisme à des entreprises plus ambitieuses où la part de l'intervention rationaliste va croissant.

1° Le *donné* initial du psychologue, disions-nous précédemment, est constitué par les *conduites* animales et humaines, l'explication de ces conduites étant à chercher, suivant notre formule de base S → I → R, du côté des facteurs externes, d'une part : stimuli, situations, objets, du côté des facteurs internes, de l'autre : conditions structurales, biochimiques et physiologiques du sujet de l'expérience. Dans les cas les plus favorables, notions-nous encore, une *loi* fonctionnelle permet d'assigner et de prédire pour toutes valeurs de ces variables indépendantes combinées, une valeur déterminée de la variable dépendante : la réaction terminale. Il est à noter qu'au

---

les secondes font forcément appel à l'interprétation. C'est dire que les premières s'accommodent mieux d'une conception positiviste, les secondes d'une conception rationaliste. L'opposition se marque jusque dans les systèmes psychologiques : les plus riches en *constructs* sont ceux qui, tel celui de Freud, se placent dans une perspective développementale. L'un des buts de notre exposé a été de surmonter cette opposition. Parmi les rares qui y aient été expressément visés, citons : CATTELL (*Personality*, 1950) et D. LAGACHE (*L'unité de la Psychologie*, P. U. F., 1949).

[1] On consultera, sur la question de l'explication en psychologie, les ouvrages suivants, que notre exposé, tout élémentaire, n'a nullement la prétention de synthétiser ni d'exploiter au maximum : H. HELSON et al., *Theoretical Foundations of Psychology*, Van Nostrand, 1951; M. H. MARX et al., *Psychological Theory*, Macmillan, 1951; W. DENNIS et al., *Current Trends in Psychological Theory*, Univ. of Pittsburgh Press, 1951; T. PARSONS, E. A. SHILS et al., *Toward a General Theory of Action*, Harvard Univ. Press, 1951; D. KRECH and G. S. KLEIN, *Theoreticals Models and Personality Theory*, Duke Univ. Press, 1952; E. HILGARD, *Theories of Learning*, Appleton, 1948; J. PAULUS et al., *Psychodynamics, Dialectica*, t. 19-20, Zurich, 1951; L. W. BROWN - E. E. GHISELLI, *Scientific Method in Psychology*, McGraw Hill, 1955.

niveau ici envisagé, le psychologue ne manipule, sous les trois rubriques S, I et R, que des *faits (data)* à l'exclusion de toute entité théorique *(construct)* imaginée pour rendre compte des faits. L'intervention de l'esprit ne se marque que dans la formulation de la loi qui les relie.

Le défenseur et le praticien le plus conséquent d'une psychologie ainsi conçue est sans doute B. F. Skinner [1]. Mais on retrouve la même conception chez pas mal de psychométriciens et de tenants de l'analyse factorielle, chez ceux, notamment, pour qui les tests, choisis et appliqués en principe au hasard, et sans nulle idée préconçue, n'ont d'autre intérêt que de rendre possible l'extraction de facteurs, conçus eux-mêmes comme de simples outils de classification, dépourvus de toute existence réelle.

2° La psychologie populaire aurait sans doute bien de la peine à se contenter de cet ascétisme scientifique. Dans toutes les langues du monde, il existe un nombre considérable de termes : *intelligence, imagination, mémoire, sensibilité, raison, instincts* (de conservation, de reproduction, etc.), *tendances, inclinations*, qui désignent dans la pensée de ceux qui les emploient, ce que l'on peut considérer comme des *fonctions mentales*, principes de production et d'explication des conduites. Seules, notons-le, lesdites conduites sont constatées à titre de *faits*. Au contraire, les fonctions dont nous parlons, ont le statut d'entités théoriques *(constructs)*, imaginées et postulées à partir du donné dans le dessein de rendre compte de celui-ci.

La spéculation philosophique a fait sien le même point de vue et développé, au cours des siècles, ce que l'on a accoutumé de nommer une psychologie des *facultés* et des *instincts*. Pour elle, par exemple, l'homme se distingue de l'animal par la *faculté* de raisonner, et l'adolescent de l'enfant par l'entrée en scène de l'*instinct* sexuel. Dans le cadre de ces suggestions présentées par la philosophie, il faut accorder une mention particulière à une théorie qui a traversé les siècles, et que l'on retrouve intégrée (sans que son auteur, sans doute, l'ait expressément voulu) dans la systématisation freudienne

---

[1] *The Behavior of Organisms*, Appleton, 1938; *Science and Human Behavior*, Macmillan, 1953.

de la dernière période. Nous voulons parler de la division tripartite du psychisme en λόγος, θυμός, ἐπιθυμία, développée par Platon [1].

Nous verrons plus tard que cette délinéation des fonctions mentales de base conserve tout son prix à l'heure actuelle. Cependant, la doctrine des facultés ne s'est pas maintenue à ces hauteurs, et au moment où la psychologie s'est constituée comme science, elle avait perdu tout crédit, victime de sa tendance à la facilité et au verbalisme. Il est trop simple d'expliquer n'importe quel acte réussi (par exemple le dessin) par une faculté correspondante (l'aptitude à dessiner) et n'importe quelle conduite volontiers pratiquée (par exemple, le collectionnage) par une tendance à cette conduite (l'instinct de collectionner). On tombe alors dans le travers et l'illusion raillés par Molière parlant de la vertu dormitive de l'opium.

Est-ce à dire que rien n'ait survécu de la vieille théorie, soit populaire, soit philosophique, des facultés et des instincts? Certes, les listes proposées des unes et des autres, se sont modifiées. Certes, aussi, les appellations ont changé. On ne parle plus de *facultés*, mais de *fonctions mentales*, de *capacités*, d'*aptitudes (abilities, capacity traits)*, pas davantage d'*instincts* (sauf dans les cercles freudiens), mais de *tendances*, de *propensions*, de *besoins*, de *motifs*, de *systèmes de tension (propensities, motives, needs, drives, tension systems, ergs, dynamics traits*, etc.). Dans l'ensemble cependant, et si l'on y regarde bien, on ne peut que donner raison à Spearman lorsqu'il constate que *si la doctrine des facultés perd toutes les batailles, elle gagne toujours la guerre* [2].

Nous avons déjà vu que le test, mesure d'un segment de comportement, n'a d'intérêt que s'il renseigne sur une gamme

---

[1] Le λόγος correspond à l'*ego*, le θυμός et l'ἐπιθυμία aux instincts de mort et de vie, constitutifs du *id*. Il manque à Platon la notion du *super-ego*, laquelle constitue, en effet, si l'on y regarde bien, la découverte la plus géniale de Freud.

[2] *The Abilities of Man*, trad. fr., Paris, 1936, p. 36. Remarque analogue chez G. MURPHY, *Historical Introduction to Modern Psychology*, New York, Harcourt-Brace, 3ᵉ éd., 1932, p. 226 : " The faculty psychology has been buried repeatedly and has come from the grave, put on its apparel, and gone on again. For faculty psychology is in essence a method of stating mental processes in a few main categories ". (Cette dernière note insuffisante, selon nous, la théorie des facultés répondant à un souci, non seulement de classification, mais de déduction).

infiniment plus étendue de réactions virtuelles, supposées émaner de la même fonction unitaire. L'analyse factorielle cherche justement à dégager ces fonctions de base, et à substituer aux « facultés » du sens commun des entités ou facteurs, scientifiquement mieux établis. Nous avons relevé encore que pour un Spearman, un Thurstone, un Cattell, lesdits facteurs bien loin de constituer de simples outils de classification, correspondent en principe aux articulations *réelles* de l'esprit, à tel point que (par le jeu de la rotation des axes), la méthode se voit imposer une correction imprévue, permettant de sauvegarder la signification psychologique des facteurs dégagés [1].

La situation est plus claire encore, lorsqu'on passe de la psychométrie à la clinique, et de l'expérimentation sur les groupes à l'analyse en profondeur du psychisme individuel. Il suffit de se reporter aux ouvrages d'un Janet, d'un Freud, d'un Murray, pour qu'apparaisse toute une floraison d'aptitudes, d'instincts, de tendances, de mécanismes, de rouages, de complexes, etc., entités théoriques posées par hypothèse dans l'esprit du sujet examiné et permettant seules d'expliquer et de justifier causalement des réactions impénétrables qui commençaient par faire problème. Particulièrement remarquable, dans cet ordre d'idées, est la triade : *id-ego-superego* définie par Freud, ainsi que la distinction, constamment présente à l'esprit du maître viennois, entre *description phénoménologique* et *explication métapsychologique*.

Enfin, le laboratoire impose les mêmes exigences, ainsi qu'en témoigne la théorie des *intervening variables* développée par Tolman [2]. Ces *variables adventices* s'introduisent à titre de *constructs*, entre les *donnés (data)* que constituent, d'une part, les variables indépendantes (facteurs externes et facteurs internes), et de l'autre la variable dépendante ou conduite émise par le sujet. Ou plutôt, elles viennent

---

[1] On connaît l'expérience de Thurstone, mettant en corrélation diverses données numériques relatives à un certain nombre de boîtes, et extrayant, de l'analyse des corrélations ainsi obtenues, trois facteurs fondamentaux, qui correspondent à la longueur, la largeur, la hauteur desdites boîtes (avec un facteur de second ordre, exprimant l'interdépendance de ces trois dimensions de base).

[2] Voir notamment de cet auteur : *A Psychological Model* dans PARSONS-SHILS, *op. cit.*, 1951, pp. 277-361.

se superposer, dans l'individu, aux conditions de fait que constituent l'hérédité, le sexe, l'âge, les modifications biochimiques et endocriniennes [1], enfin la motivation ou la satiété, telles qu'elles résultent de l'état des organes et tissus intéressés *(drives)* [2].

Ces derniers faits de déprivation et de réplétion, ou *drives*, ont pour contrepartie, sur le plan théorique, ce que l'on nomme les *besoins (needs* — d'autres, comme Cattell, diront *dynamic traits)*. A l'hérédité, au sexe, à l'âge, à la structure et au fonctionnement particuliers des organismes, correspondent, comme variables adventices, d'une part les *traits d'aptitude*, et d'autre part les *traits de tempérament (capacity traits, temperamental traits)* [3]. On voit que la trinité de traits ou facteurs explicatifs ici distingués renoue lointainement avec la vieille classification des activités psychiques sous la triple rubrique du *Knowing*, du *Striving*, et du *Feeling*.

La conception tolmanienne des *intervening variables* n'est rien d'autre qu'une version rajeunie de la doctrine des facultés. Cependant, elle transpose cette dernière dans un registre rigoureusement scientifique, et se formule en termes techniques acceptables pour l'expérimentateur le plus sourcilleux.

Sous leur aspect initial, les variables adventices sont « des entités explicatives postulées, que l'on conçoit comme reliées par un système de fonctions causales aux variables indépendantes, d'une

---

[1] " Such individual-differences-producing variables as heredity, sex, age, and special physiological conditions such as those produced by drugs, endocrine disturbances, and the like ", p. 280.

[2] " States of drive arousal and/or drive satiation " ou " states of underlying organs and tissues ". Le *drive*, pour Tolman, constitue donc une condition physiologique de fait, par opposition au *need* qui joue le rôle d'*intervening variable*. On notera la concordance des facteurs internes énumérés dans les deux textes qui viennent d'être cités, et de ceux que nous avons passés en revue en parlant de l'expérimentation.

[3] " These variables (entendez : celles qui sont énumérées à la n. 1) are assumed to act directly in determining those types of intervening variables which are called *traits* : either *capacity traits* or *temperamental traits* ", p. 280. Il appartenait à Cattell *(Personality)* d'unifier la terminologie et de définir les *needs* comme une troisième catégorie de traits : les *dynamic traits*. Ajoutons que, suivant l'auteur anglais, les *dynamic* et *temperamental traits* sont reliés par de multiples affinités, qui invitent à les ranger dans la catégorie commune des *orectic traits*, déjà mentionnés par Burt. On en revient alors à une classification bipartite, qui est celle de McDougall (inspirateur de Burt et de Cattell) : *abilities* et *propensities*, autrement dit : facultés et instincts.

part, et par un autre système de fonctions aux variables dépendantes, de l'autre »[1].

Doit-on dire, cependant, que la totalité de leur nature et de leur signification s'épuise dans ce double jeu de relations mathématiques? On reconnaît là la question déjà rencontrée par nous à propos des facteurs de l'analyse factorielle. Certains (d'inspiration positiviste) la trancheront par l'affirmative. Mais d'autres, poursuit Tolman, veulent des types de variables adventices un peu moins exsangues *(more full-blooded)* et revêtant l'aspect d'*entités hypothétiques construites (hypothetical constructs)*.

De telles entités se caractérisent par des propriétés *substantives* distinctes du double jeu de relations fonctionnelles où elles sont engagées, et passibles de définition ostensive en même temps que — au moins par hypothèse — de mesure opérationnelle directe[2].

En quoi consistent alors ces *propriétés constitutives* assignées aux variables adventices par-delà leur signification mathématique? Quels aspects revêtent-elles? Tolman distingue à cet égard trois directions possibles dans l'interprétation :

a) la direction *neurophysiologique* (Guthrie, Hull, en général les

[1] " Postulated explanatory entities conceived to be connected by one set of causal functions to the independent variables, on the one side, and by another set of functions to the dependent variables, on the other ", p. 281.

[2] Such hypothetical constructs " are defined by substantive properties which are separated from and more than the mere functional relationships of such constructs to the independent variables or to the dependent behavior ", p. 282. Such intervening variables have " ostensibly definable, substantive properties which can, hypothetically at least, eventually be given direct operational measurement ", *ibid.*

L'auteur s'explique ailleurs sur les critères opérationnels qui permettent de définir et de mesurer une variable adventice (p. 333). Il y faut :

1° une proposition concernant un *standard defining experiment* dans lequel une certaine variation mesurée d'un élément déterminé du comportement observé, sera posée, par définition, comme fournissant une mesure directe d'une variation correspondante dans la grandeur de la variable adventice;

2° une assomption concernant la nature — linéaire ou non linéaire — de la fonction mathématique ici impliquée;

3° une notion ou une assomption concernant les constantes spécifiques intervenant dans cette fonction.

Exemple : la liste des *needs* s'établit par référence aux réponses de consommation et aux objets qu'elles concernent. La grandeur d'un certain *need* à un certain moment peut être appréciée par le nombre de fois qu'un animal traversera en vingt minutes une grille électrisée pour atteindre une nourriture standard. Pour les premières 48 heures de déprivation, l'augmentation s'opère suivant une fonction linéaire. Après, un déclin se produit, par suite de l'intervention d'autres facteurs physiologiques.

stimulus-response theories) qui définit lesdites variables en termes de liaisons associatives et de connections neurales entre influx afférents et efférents. On reconnaît là l'orientation du behaviorisme orthodoxe.

b) la direction *phénoménologique* (psychologie de conscience, gestalttheorie, jusqu'à un certain point le freudisme) où les caractéristiques attribuées aux variables adventices dérivent de l'expérience introspective du sujet.

c) la tendance vers un *modèle théorique sui generis* façonné de neuf, et en quelque sorte sur mesure, pour rendre compte du comportement. Ce que l'on trouve ici, c'est un jeu complexe et varié de structures et de processus explicatifs, posés à titre d'*hypothetical constructs*, et puisant dans le matériel théorique offert par les autres sciences : mathématiques, mécanique, physique, physiologie, etc. dans toute la mesure où de tels emprunts se révèlent utiles [1]. Exemples : la conception freudienne de la *Libido* sous forme d'un réservoir d'eau; la psychologie topologique et vectorielle de Lewin; enfin le système de Tolman lui-même, si riche en *constructs* soigneusement articulés, et ajustés aussi étroitement que possible aux plus minutieuses expériences de laboratoire.

L'utilité d'un tel *modèle*, conclut le maître américain, apparaît de deux sortes : il permet d'*expliquer* le comportement dès à présent observé, et, d'autre part, de *prédire* de nouvelles réactions à venir. Enfin, il va sans dire que des corrélations sont à attendre et à établir entre un modèle psychologique ainsi défini et les structures et processus du niveau neurophysiologique.

Nous ne pouvons que marquer notre accord avec cette conception en tous points magistrale. Elle propose, comme on voit, de la psychologie comme science une vue nettement rationaliste. Le modèle théorique qu'elle recommande est le seul qui convienne au behaviorisme élargi que nous n'avons cessé de défendre au cours de notre exposé. Avec elle, enfin, la psychologie devient une *science* dans toute la plénitude du terme, et, comme telle,

---

[1] " a set of explanatory structures and processes (hypothetical constructs) which draw on analogies from whatever other disciplines — mathematics, physics, mechanics, physiology and so on — as may be deemed useful ", p. 283.

pourvue, non seulement d'un objet d'étude bien déterminé, non seulement de méthodes de recherche appropriées à cet objet, mais encore d'un système de concepts explicatifs qui lui appartiennent en propre. Une telle ambition aboutit sans doute à affecter la science du comportement d'un assez fort coefficient d'hypothèse, mais, répondait déjà Spearman, « la psychologie est une science dans toute la plénitude de ses droits, et elle ne peut pas plus remplir sa mission sans hypothèse qu'un homme ne peut courir convenablement avec ses jambes attachées dans un sac. Que ferait la physique sans ses électrons, son éther, sa chaleur, qui n'ont jamais été et ne seront peut-être jamais directement perçus? »[1]

Ces considérations finales, à vrai dire, dépassent de beaucoup la question des facultés, des instincts et des variables adventices. Elles introduisent directement à ce que nous avons décidé de considérer comme un troisième et dernier niveau de l'explication : celui où se formulent les *systèmes psychologiques*.

3° Ces *systèmes psychologiques*, développés par un petit nombre de théoriciens que l'on peut nommer des *génies*, ont toujours mis en défiance la foule des psychologues moyens qui peuplent les sociétés et les congrès. Il y a, évidemment, de bons et de mauvais systèmes, et il se peut que tous soient prématurés à l'heure actuelle. Mais ils répondent au besoin incoercible d'explication qui travaille l'esprit humain *sainement épanoui* et c'est avec eux seuls que la psychologie trouve son achèvement. Que serait la Physique sans les systématisations newtonienne, einsteinienne, quantique et la Biologie sans la systématisation darwinienne? Il n'y a pas non plus de Psychologie digne de ce nom sans un système de principes généraux donnant au comportement son sens dernier.

Lorsqu'on examine les systèmes psychologiques développés jusqu'à présent, on se rend compte assez vite qu'ils se distribuent en deux groupes. Les uns conçoivent la psychologie sur le modèle de la Physique. Ce sont l'associationnisme, la réflexologie, le behaviorisme watsonien, enfin — résumant et éclipsant tous les autres

---

[1] *Les aptitudes de l'homme*, tr. fr., p. 100.

par sa puissance de construction et d'articulation — le système de Hull [1]. D'autres, au contraire, situent la Psychologie dans le voisinage ou le prolongement de la Biologie. Les plus notables sont le système de Janet, celui de McDougall, celui de Freud et de ses continuateurs, orthodoxes ou infidèles (Adler, Jung, Alexander, Fromm, Reich), la psychologie topologique et vectorielle de Lewin, la psychologie génétique de Piaget, le *Purposive Behaviorism* de Tolman [2], enfin, plus récemment, les ensembles de principes formulés par Murray et Cattell [3].

La ligne de partage entre les deux groupes, passe par la question de la finalité. Exclue à juste titre de la physiologie, science *moléculaire*, celle-ci a maintenu sa place en biologie générale, science *molaire*, comme l'a montré, entre autres, Cuénot. A fortiori s'impose-t-elle dans l'étude du comportement, lequel n'est que le développement et l'efflorescence de l'une des virtualités fondamentales de la vie.

Le lecteur n'aura, sans doute, pas de peine à deviner de quel côté vont nos préférences. Notre premier chapitre présentait la psychologie comme une science biologique au sens large, c'est-à-dire puisant dans la biologie quelques-uns de ses principes les plus généraux d'explication. Et notre second chapitre, s'il visait avant tout à *décrire* aussi exactement que possible le comportement, ne laissait pas d'en tenter une sorte de *déduction théorique* à partir de l'activité vitale.

Au point où nous sommes parvenu, il vaut la peine d'insister une dernière fois sur la parenté des disciplines biologique et psychologique. Toutes deux considèrent, il est vrai à des niveaux différents, l'être vivant dans ses relations avec le milieu. Toutes deux sont dominées par le concept d'*adaptation*. L'une s'organise autour de la notion générale de *vie*, l'autre autour de la notion de *comportement*, résultante de la vie. Celle-ci se distribue en un petit nombre de

---

[1] *Principles of Behavior*, Appleton, 1943; *A Behavior System*, Yale Univ. Press, 1952.
[2] *Purposive Behavior in Animals and Men*, Century, 1932.
[3] H. A. MURRAY, *Some Basic Psychological Assumptions*, dans *Dialectica*, 19/20, 1951; R. B. CATTELL, dernier chapitre de *Personality*, 1950.

fonctions fondamentales : nutrition, reproduction, etc. qui se définissent par les fins et résultats d'ensemble auxquels elles aboutissent, nullement par les processus de détail, variables avec les règnes et les espèces, qu'elles mettent en œuvre. De même, le comportement, fonction d'ensemble, se différencie en composantes variées, qui aménagent le milieu avec plus ou moins d'économie et d'efficience.

Une dernière analogie, enfin, naît de ce que, dans les deux cas, on peut s'intéresser, soit au fonctionnement de la machine vivante, préalablement construite (organisme ou psychisme), soit, au contraire, à sa construction même. Nous retrouvons ici la dualité de points de vue — ahistorique, génétique — qui, affectant, comme nous l'avons vu, les méthodes, se marque également dans les systèmes. Ceux de Janet et de Lewin (proches à bien des égards, malgré des matériels conceptuels différents) peuvent servir de modèles d'explication actuelle et structurale, ceux de Piaget et de Freud, au contraire, d'explication développementale et génétique. Les uns et les autres se complètent, et c'est certainement l'une des faiblesses de la psychologie d'à présent de se placer trop exclusivement dans la perspective génétique. L'œuvre de Freud, par exemple, est pleine d'aperçus sur les origines, l'évolution, les résultantes de l'angoisse, mais la seule analyse correcte de l'angoisse, en tant que réaction actuelle, se trouve chez Janet.

Nous ne pouvons clore cet exposé relatif à l'explication sans insister sur le rôle que joue dans l'élaboration des théories scientifiques, la faculté sans doute la plus précieuse et la plus caractéristique de l'homme : l'Imagination. En ces temps d'expérimentation et d'analyse statistique intensives, trop de gens ont l'impression que ces procédés de contrôle constituent le tout de la science. Le moteur essentiel de la Science réside, comme Einstein y a insisté, dans l'imagination créatrice du savant. Le contrôle est sans doute indispensable. Mais si l'imagination et l'invention venaient à faire défaut, il n'y aurait plus rien à contrôler.

CHAPITRE IV

LES NIVEAUX DU COMPORTEMENT

En abordant cet ultime objet d'étude, nous renouons avec notre second chapitre, qui traitait du comportement en général, sans tenter — sinon occasionnellement — de le répartir en ses formes de base. Par ailleurs, le problème du classement des conduites, auquel nous arrivons maintenant, est intimement lié à celui de l'explication et de la théorie, qui vient d'être débattu. En effet, comme le note admirablement Copi [1], toute classification, de par la sélection qu'elle opère et les critères qu'elle utilise, présente forcément un caractère *hypothétique*, et celle-là s'avérera la meilleure comme hypothèse classificatrice, qui préserve le mieux les propriétés fondamentales du donné, d'où découlent toutes les autres, autrement dit qui se présente en même temps comme *hypothèse explicative*.

[1] I. M. Copi, *Introduction to Logic*, McMillan, 1953, pp. 425-431.

C'est à quoi déjà pensait Platon dans sa référence bien connue au bon cuisinier.

On se souvient que, d'accord pour une large part avec Watson, nous distinguions *prima facie* des conduites motrices, émotionnelles, verbales, mentales. Chemin faisant, d'autres oppositions s'offraient à nous, que nous signalions à mesure : celle du comportement, soit provoqué, soit spontané, ou, en termes skinnériens, du *Respondent* et de l'*Operant Behavior*; celle du psychisme, soit inné, soit acquis; celle des conduites à consommation immédiate, d'une part, à consommation retardée, de l'autre; celle, enfin, des réactions, soit de pure décharge, soit expressives, soit constructives.

Le moment est venu de mettre de l'ordre dans cette apparente confusion, et de substituer à des notations, souvent *phénotypiques* (comme eût dit Lewin), un classement de portée *génotypique*.

1. — Vues contrastées du comportement et de ses modes

Devant ce problème, on trouve chez les psychologues deux types d'attitudes, qui font ressouvenir des prises de position, déjà mentionnées par nous, concernant le Savoir en général, et dont il faut croire qu'elles caractérisent des familles tranchées d'esprits : des attitudes soit monistes, soit pluralistes.

Personne ne nie évidemment que, de l'amibe à l'homme, et chez l'homme même, dans les phases successives de son activité, une extrême diversité de conduites se fasse jour. Le moniste ne voit là qu'une diversité de pure forme, les mêmes ingrédients fondamentaux se combinant selon lui, certes avec une complexité variable, dans toute la gamme des manifestations du psychisme. Ajoutons que, dans l'hypothèse moniste, on peut unifier les conduites de deux manières, soit *par le bas*, en ramenant le complexe au simple, soit au contraire *par le haut* en intégrant le simple au complexe.

La première direction est celle de l'associationnisme, et de sa version rajeunie et transposée, la réflexologie. Suivant le plus ancien de ces systèmes, qui se place dans la perspective de la psychologie de conscience, les produits mentaux les plus élaborés se ramènent, en dernière analyse, à des sortes d'atomes psychiques — sensations ou images, combinés entre eux par les lois l'association : ressemblance, contraste, contiguïté. L'apologue de la statue, développé par Condillac, illustre à merveille cette conception. Dans la réflexologie, d'inspiration behavioriste, le réflexe se substitue à l'image et l'association des idées fait place au conditionnement. A partir de ces notions, Pavlov, Bechterev et leurs disciples russes ont construit des systèmes impressionnants qui, s'ils séduisent par leur ingéniosité et par mainte acquisition de détail, ont le tort, dans l'ensemble, de faire violence au réel et d'en masquer l'extrême diversité.

D'autres, à l'extrême opposé, ont pris comme modèle exclusif d'activité psychologique, celle qui nous est la plus familière par l'expérience interne, et que l'analyse expérimentale du comportement des animaux forcerait d'étendre à ceux-ci. Le nom qui la désignerait le plus exactement, serait celui d'*action* (Janet) ou de *tâche* (Lewin). Déclenchée et orientée par un but à atteindre, elle suppose la connaissance discriminative des démarches capables d'y conduire, ainsi que la capacité, soit d'acquérir, soit de perfectionner ces démarches par l'apprentissage. — C'est là le schéma auquel pense McDougall, lorsqu'il formule sa doctrine fameuse des *seven marks of behavior* [1], reprise pour l'essentiel et systématisée

---

[1] *An Outline of Psychology*, Methuen, 1931⁵, pp. 43 ss. Le comportement, selon McDougall, implique :

1° une certaine spontanéité de mouvement;

2° la persistance de l'activité indépendamment et au-delà de l'impression qui l'a déclenché éventuellement;

3° des variations de direction dans lesdits mouvements persistants;

4° ceux-ci prennent fin aussitôt qu'ils ont amené une sorte particulière de changement dans la situation de l'animal;

5° l'animal, en cours d'action, se prépare à la situation nouvelle que ladite action contribue à produire;

6° répété dans des circonstances similaires, le comportement manifeste une efficience et une adaptation accrues;

7° enfin, le comportement constitue une réaction totale de l'organisme.

En conclusion, dit McDougall (p. 47), le comportement est orienté vers un but *(purposive)* et cette orientation vers un but implique prévision *(purpose implies foresight)*.

par Tolman [1], Muenziger [2] et bien d'autres. L'école de Hull accepte en fait la même séquence, quoiqu'elle répudie toute interprétation mentaliste et finaliste [3]. Enfin, on retrouve un point de vue analogue chez le Freud de la première période, pour qui tout rêve, et plus généralement tout acte, n'est que la *réalisation d'un désir* [4].

Il n'est pas question de nier la validité et la profondeur de ces notations pour un large secteur d'activités, tant animales qu'humaines, celles que l'on nomme communément *instinctives*. Mais valent-elles pour *toutes* les activités, caractérisent-elles avec rigueur, comme elles en ont la prétention, le comportement sous toutes ses formes? Est-il vrai que celui-ci implique obligatoirement la connaissance et la poursuite d'un but?

L'inconvénient de ces théories est, d'abord, de ne pas suffisamment faire de distinction entre conduites innées et acquises. C'est ensuite d'exclure du champ de la psychologie des réactions comme le réflexe et l'émotion, qui ne comportent, soit aucune prescience de but, soit aucune conscience d'aucune sorte.

Aussi bien Tolman que McDougall sont d'accord pour renvoyer à la physiologie l'étude du réflexe, que toutes sortes de caractères opposent selon eux au comportement digne de ce nom [5]. Certes,

---

[1] *Purposive Behavior in animals and men*, Appleton, 1932. Le comportement, enseigne Tolman, est :

1° *molar*, c'est-à-dire faisant intervenir l'animal *as a whole* par opposition aux réactions *molecular* que constituent les manifestations physiologiques et les réflexes;
2° *goal directed, purposive;*
3° *cognitive of means-objects : paths, tools, obstacles;*
4° *selective* et recherchant le moindre effort;
5° *docile and teachable.*

[2] K. F. Muenziger, *Psychology, the study of behavior*, Harper, 1942². Pour cet auteur, le comportement se résume dans la formule S-E, c'est-à-dire *Start to End phase unit*. Il implique *motivation* (sous ses deux aspects de direction et de force), *discrimination, performance* et *affectivity*. Enfin, l'apprentissage peut affecter soit la motivation, soit la discrimination, soit la performance.

[3] Cf. l'analyse du comportement en fonction des quatre facteurs : *Drive, cue, response, reward* chez Dollard et Miller (*Social learning and imitation*, Yale Univ. Press, 1941) ou encore la triade : *instigation, instrumental act, consummatory act* ou *goal response* chez d'autres (Sears).

[4] Cf. la *Traumdeutung* (1900).

[5] Cf. McDougall, *op. cit.*, p. 51 *(Purposive and reflex action contrasted)* et Tolman, *op. cit.* : Par contraste avec le *Behavior*, plus haut caractérisé en cinq points, le réflexe est *molecular, stereotyped, mechanical, non-docile.*

le réflexe — ni plus ni moins que n'importe quelle autre forme de conduite — se prête à une investigation physiologique. Celle-ci laisse intactes les possibilités d'étude du psychologue, et c'est ce que les physiologistes les plus compétents du réflexe, ceux de l'école de Sherrington, n'ont pas manqué de noter [1]. Nous prions le lecteur de se reporter, en ce point à notre second chapitre, et de vérifier que le réflexe — au moins extéroceptif — répond à toutes les conditions de la *vie de relation* correctement entendue [2].

L'émotion pose, quant à elle, des problèmes plus aigus. Cherchant à lui faire place dans son système, McDougall a présenté ce phénomène comme une phase du déploiement des instincts, imaginant même pour chaque instinct — alimentaire, sexuel, parentaire, combatif, etc. — une émotion spécifique qui le mette en branle. Mais outre que le parallélisme proposé est passablement artificiel, il s'agit ici d'émotions dérivées et adoucies, nullement de la réaction émotionnelle entendue au sens plénier et nommée parfois émotion-choc. Or, chez l'homme submergé par la colère, par la peur, par l'angoisse, la conscience discriminative est grandement obnubilée. D'autre part, la notion d'un but, et d'un enchaînement de moyens vers le but, fait défaut. Quelle fin peut bien poursuivre, quelle sélection de moyens peut bien opérer, l'homme

---

[1] Cf. R. S. CREED et al. (dont C. S. SHERRINGTON), *Reflex Activity of the spinal cord*, Oxford Univ. Press, 1932, p. v : " The theme of the book being reflex mechanisms, it undertakes no systematic review of reflexes from their aspect as items of animal " behaviour " or " conduct "... the problem dealt with here is that of physiological production and execution, and not that of biological significance " et p. 104 : " Biologically, the importance of a reflex is as an item of animal behaviour : hence biological study presents for each reflex the issue of its meaning as an animal act ".

[2] Il fait intervenir le système nerveux sensitif, central et moteur et l'*arc réflexe* est le modèle et le type de tous les circuits nerveux qui se superposent à lui dans la suite. Le réflexe répond à un *stimulus* venu du monde extérieur par une *réaction* qui modifie les rapports de l'organisme avec celui-ci : retrait ou ouverture, modification, en général, adaptative et utile. Enfin, le réflexe est soumis à la formule $S \rightarrow I \rightarrow R$ et, contrairement à ce que l'on affirme souvent (cf. par exemple, G. de MONTPELLIER, *Conduites intelligentes et psychisme chez l'animal et chez l'homme*, Louvain, 1949^2, p. 20 : « elles (les réactions réflexes) sont déclenchées chaque fois que l'excitant spécifique est donné. Elles ne semblent donc dépendre que de la présence de ces excitants extérieurs, et non pas, en outre, comme les conduites instinctives, de facteurs internes appropriés... »), le réflexe révèle l'influence des facteurs internes, comme le montrent les modifications qu'il subit au cours des phases soit réfractaire, soit hypernormale, sans parler de ses variations de vivacité et d'amplitude sous l'effet du tonus.

qui sanglotte éperdument à la mort d'un proche ou le combattant cloué sur place par les affres de la guerre? Il s'agit ici, à toute évidence, de réactions *sui generis*, nettement consommatrices et terminales.

Mus par ces considérations, beaucoup d'auteurs ont vu dans l'émotion, non plus une conduite propre, mais un trouble et une désorganisation des conduites. Thèse inacceptable, comme l'a souligné Wallon, vu la multiplicité des réactions émotionnelles et le *pattern* défini qui s'observe en chacune. S'il y a trouble et baisse de niveau psychique, c'est au sens de la conception jacksonienne dont nous parlerons plus loin, et qui laisse aux conduites *libérées* par l'affaiblissement des mécanismes suprajacents, toute leur texture positive propre.

Force est donc bien de reconnaître dans l'émotion une forme originale de comportement ne poursuivant aucun but, ne changeant rien au monde des choses, fermée en quelque sorte sur elle-même, mais frappant les *socii* par son caractère *expressif*. C'est la thèse qu'a magnifiquement développée Wallon [1] et dont on retrouve des échos chez le Freud de la seconde période [2], chez des neurologistes comme

---

[1] *L'enfant turbulent : Etudes sur les retards et les anomalies du développement moteur et mental*, Paris, Alcan, 1925; *Les origines du caractère chez l'enfant*, Paris, Boivin, 1934; *La vie mentale*, t. VIII, de l'*Encyclopédie française*, Paris, 1938.

[2] Cf. FREUD, *Formulations regarding the two principles in mental functioning* (1911) dans les *Collected Papers*, IV, Hogarth, pp. 13-21 et D. RAPAPORT, *On the psychoanalytic theory of affects* dans *The Intern. J. of Psycho-analysis*, Londres, 34, 1953, pp. 177-198. Dans la conception freudienne de l'*affect* (c'est-à-dire de l'émotion), Rapaport distingue trois phases, au cours desquelles se formulent trois théories distinctes :

1º Une *dynamic theory* qui considère les *affects* comme des *drive cathexes* et les lie donc au déploiement des instincts (c'est là, substantiellement, la conception de McDougall avec qui nous avons déjà relevé la parenté du Freud de la première période).

2º Une *economic theory* ou *id-theory* des affects, dans les *Formulations...* (1911), et liant les affects à la *tension* accumulée dans l'individu, laquelle peut se liquider, soit — suivant le *principe de réalité* — en *actions* modifiant la réalité, soit — suivant le *principe du plaisir* — en décharges affectives ne modifiant que le corps, auquel elles confèrent *mine* et *expression* (cf. p. 16 des *Formulations :* " a new function was now entrusted to motor discharge, which under the supremacy of the pleasure principle, had served to unburden the mental apparatus of accretions of stimuli and, in carrying out this task, had sent innervations into the interior of the body *(mien, expression of affect)*; it was now employed in the appropriate alteration of reality. It was converted into action ").

3º Une *structural theory* ou *ego-theory*, formulée dans *The ego and the id* (1923) et *The problem of anxiety* (1926), et dans laquelle les affects, privés dorénavant de toute base *économique*, de tout aspect de décharge au moins massive, « apprivoisés » en quelque sorte (" tamed ", Fenichel), sont utilisés par l'*ego* comme signaux.

Cobb [1], enfin chez des psychologues de laboratoire aussi qualifiés que Hebb [2].

Ces dernières considérations nous conduisent, on le devine, à une vue pluraliste du comportement. Nul ne l'a développée avec plus d'ampleur, plus de hauteur de vues, que Janet — le Janet des derniers ouvrages, resté, malheureusement, presque inconnu des psychologues [3]. Le comportement comprend pour lui, non seulement une *pluralité*, mais une *hiérarchie* de conduites, qualitativement différentes les unes des autres, successivement apparues au cours de la phylogénie, et dont le passage de chacune à la suivante ne peut s'expliquer que par une *invention* — nous dirions plus volontiers une *mutation*.

Au degré le plus bas, prennent place les réflexes. Notablement plus haut déjà, les activités animales et instinctives qui réagissent, soit aux objets *(conduites perceptives)*, soit — avec une complexité accrue — aux actes des *socii (conduites sociales)*. A un degré supérieur, encore les *conduites intellectuelles élémentaires* qui se traduisent par l'invention de l'outil, du panier, du portrait, du symbole, du signe, et notamment de cette classe particulière de signes que constituent les mots, éléments du langage.

Parvenue à ce stade, la vie psychologique se dédouble. Chaque objet, chaque action du plan réel reçoit un substitut sur le plan du langage (nom, verbe). Entre les deux, la *croyance* établit un lien qui ira s'ajustant progressivement. Ainsi convient-il de distinguer une *croyance assertive* prodiguée sans contrôle au gré des sentiments et des caprices du moment, une *croyance réfléchie* qui s'étale davantage

---

Suivant nous, les deuxième et troisième théories ne se contredisent pas. Elles correspondent à des stades différents du psychisme, et à une transformation ou domestication de l'émotion originelle par des instances supérieures.

[1] St. COBB, *Emotion and clinical medicine*, Norton, 1950.

[2] D. O. HEBB, *Emotion in man and animal : an analysis of the intuitive process of recognition*, — *Psychological Review*, 53, 1946, pp. 88-106 et D. O. HEBB - W. R. THOMPSON, *The social significance of animal studies* dans G. LINDZEY, *Handbook of Social Psychology*, Addison-Wesley, 1954, t. I, pp. 532-561.

[3] Cf. surtout *De l'angoisse à l'extase*, P.U.F., Paris, 1926-28, 2 vol. « Que voulez-vous, c'est beaucoup trop gros » nous disait le maître avec un détachement amusé, comme nous nous plaignions devant lui que cet ouvrage magistral fût si peu lu. Trop gros, mais surtout trop au-dessus du niveau moyen des praticiens de la psychologie.

dans le temps et synthétise un plus grand nombre de tendances et d'expériences, une *croyance rationnelle*, soucieuse de s'accorder et de se systématiser avec toutes les autres précédemment acquises, une *croyance expérimentale* soumettant systématiquement au verdict du réel les systèmes rationnels préalablement élaborés, enfin — au sommet de la hiérarchie — la *croyance progressive* que l'on saisit à l'œuvre chez les grands inventeurs dans l'ordre de la religion, de la politique, de la science et de l'art. On voit que, partis du réflexe, nous aboutissons au génie en passant par l'instinct, l'intelligence concrète ou motrice, le langage, la spéculation rationnelle et la science expérimentale.

Notons ici que des classifications partiellement superposables apparaissent chez divers auteurs, par exemple chez Lévy-Bruhl, dans ses enquêtes sur les sociétés inférieures, ou chez Piaget ou Wallon qui utilisent la notion des niveaux du comportement pour la description de l'évolution psychologique de l'enfant [1].

Mais l'émotion? Quelle place tient-elle dans les spéculations qui viennent d'être résumées? Quoique Janet ait pas mal de choses à nous apprendre sur elle (notamment dans sa magistrale analyse de la psychose maniaque-dépressive), on ne peut dire qu'il l'ait saisie et présentée dans sa nature profonde de phénomène *expressif*. Tantôt, la prenant tout près de ses origines, dans son aspect de *décharge*, il voit en elle une *réaction désorganisatrice*, d'ailleurs utile en certaines occasions. Plus souvent, c'est dans le décours ultérieur de la vie psychologique qu'il la considère, lorsque, se greffant sur

---

[1] On connaît l'œuvre considérable consacrée par L. Lévy-Bruhl à l'analyse des modes de pensée des peuples arriérés, soumis selon lui au *principe de participation*, tandis que la pensée civilisée est soumise au principe de contradiction. *Pensée prélogique* et *pensée logique* ainsi définies s'apparentent aux types de croyance : assértive, réfléchie, rationnelle, caractérisés par Janet.

Piaget oppose à l'*intelligence sensori-motrice* de la première enfance (elle-même subdivisée en six stades), l'*intelligence verbale* de l'âge ultérieur, d'abord *égocentrique*, ensuite *socialisée*, enfin *formelle*. Les rencontres avec Janet (et secondairement avec Lévy-Bruhl) sont nombreuses et non de pur détail. Mais la place dont nous disposons, non plus que notre propos général, ne nous permettent pas de rendre ici pleinement justice à cette œuvre, l'une des plus remarquables dont s'enorgueillit la psychologie contemporaine. Plus qu'au comportement en général, c'est d'ailleurs à l'analyse de l'*intelligence* et de ses stades qu'elle se consacre.

Sur la conception de Wallon, nous reviendrons dans un moment.

les autres modes de conduites, elle a pour résultat de *régler* ceux-ci. (On pourrait voir là comme une synthèse des deux directions de pensée éliminant l'émotion comme conduite propre).

Pour Janet, en effet, les *conduites primaires* dont nous avons fait la liste, peuvent être favorisées ou empêchées, modifiées en cours d'exécution, enfin terminées dans un sens variable, par des *régulations sentimentales* ou *conduites secondaires*, qui sont fondamentalement de quatre sortes : effort, fatigue, triomphe, échec. Les *sentiments* les plus complexes ne consistent en rien d'autre qu'en des combinaisons de l'un ou l'autre de ces mécanismes avec telle ou telle forme d'action concrète. C'est ainsi que l'effort, la fatigue, le triomphe et l'échec, en se mélangeant aux conduites sociales, engendrent respectivement la sympathie, l'antipathie, l'amour et la haine.

Il était réservé à Wallon, d'abord de donner de l'émotion la vue la plus pénétrante qui ait jamais été proposée [1] : celle qui place au centre de ce phénomène des modifications aiguës du tonus neuromusculaire, tensions toniques suivies de décharges cloniques (c'est certainement à quoi pensait Janet, sans l'apercevoir nettement, dans ses références à l'effort, à la fatigue, à la joie, à l'angoisse, phénomènes qui impliquent des élévations, des relâchements, des gaspillages, des accumulations de tonus), ensuite de dresser sur cette base une liste systématique des réactions émotionnelles, enfin de formuler une théorie des niveaux du comportement où l'émotion, réaction *expressive*, occupe la place royale qu'elle mérite [2].

---

[1] Demeurée tout aussi inexploitée que les suggestions de Janet, et apparemment pour les mêmes raisons.

[2] Ce à quoi vise Wallon, c'est avant tout à définir les stades de la conscience, mais ceux-ci sont transposables en stades du comportement. Il distingue :

1° *L'activité végétative* non consciente.

2° *L'activité préconsciente et impulsive*, c'est-à-dire les réflexes et les automatismes instinctifs.

3° *L'activité émotive*, où s'observent les débuts de la conscience.

4° *Le stade sensori-moteur*, où s'opère la discrimination des sensations et la coordination des mouvements.

5° *Le stade projectif*, subdivisé lui-même en stades de la *conscience projective et concrète* (perception) et de la *connaissance idéo-motrice et abstraite* (langage).

Une sorte d'alternance s'établit entre ces divers modes d'activité, le 1° se reliant au 3°, et le 2° au 4°.

Dès 1911, à vrai dire, dans sa théorie *économique* des *affects*, Freud avait — avec une moindre rigueur — lié l'émotion aux alternances de la tension et de la décharge, et opposé à l'*action*, tournée vers le dehors, utilitaire et gouvernée par le *principe de réalité*, l'émotion, tournée vers le dedans, purement expressive et soumise au *principe du plaisir* [1].

2. — Les niveaux du comportement dans la phylogénie. Les structures et les fonctions

Au terme de cette discussion, et le pluralisme des conduites s'imposant hors de tout conteste, quel classement adopter et quels types fondamentaux retenir? Il nous paraît qu'une base sûre pourrait être fournie par l'examen des *structures*, dont la succession, au cours de la phylogénie, reflète, jusqu'à un certain point, celle des *fonctions*. Ceci nous conduit à rappeler quelques étapes maîtresses dans la constitution progressive du système nerveux :

1º Aux *éponges*, premières formes animales, dotées d'un seul système musculaire, succèdent les *coelentérés*, animaux de structure simple (deux feuillets primitifs : ectoderme, endoderme; pas de coelome; sac digestif) dotés de la plus ancienne forme de système nerveux connue : diffus, dépourvu de centres, peut-être anastomé en réseau, et soumis à conduction non orientée avec décrément à partir du point excité.

2º Une révolution — on devrait dire : une série de révolutions, décisives et conjuguées — s'opère chez les *annélides*, organismes beaucoup plus complexes d'où dérivent tous les autres types d'animaux, tant vertébrés qu'invertébrés [2].

[1] Cf. plus haut, note 2 p. 139. Il faut ajouter qu'au-delà de l'*action* et de ses conditions mentales (sensation, attention, mémoire, jugement) prend place la *pensée* ou *idéation*, par freinage de la décharge motrice qu'implique l'action : " Thought was endowed with qualities which made it possible for the mental apparatus to support increased tension during a delay in the process of discharge " (*Formulations...*, p. 16).

[2] Il est tentant d'intercaler, entre les coelentérés et les annélides, les échinodermes avec leur *aganglionic central nervous system* (cf. A. R. MOORE, *The individual in simpler forms*, Eugene, Oregon, 1945), mais c'est là une vue de logicien plus que de biologiste, les échinodermes dérivant des annélides, et faisant montre, à la phase embryonnaire, d'une symétrie bilatérale, masquée et remaniée dans la suite.

Un troisième feuillet, le mésoderme, donne ici naissance à la cavité générale ou coelome. Le sac devient tube digestif. La structure segmentaire et la symétrie bilatérale s'installent, impliquant extrémités céphalique et caudale, sens obligé de la locomotion et responsabilités particulières du segment de tête.

Dans cette structure d'un nouveau type, chaque métamère constitue une sorte de micro-organisme pourvu de tous les appareils essentiels nécessaires à son fonctionnement, et cependant relié aux autres dans une intégration d'ensemble. Ceci se marque au plus haut point, comme on va le voir, dans l'organisation du système nerveux.

Au réseau diffus des coelentérés fait place, chez les annélides, un système nerveux *central*. Dans chaque segment, les neurones se groupent en deux ganglions, situés dans la partie médiane et ventrale, et reliés à la périphérie par des fibres nerveuses — sensitives et motrices — qui s'allongent d'autant. C'est exclusivement dans ces centres, et les synapses qu'ils comportent, que s'opèrent désormais la réception, la sommation, la distribution, l'aiguillage des influx.

Des fibres longitudinales relient les ganglions des segments voisins, jetant ainsi les bases de ce qui sera la *moelle épinière* ou *système nerveux segmentaire*.

Mais une intégration bien supérieure, encore, naît de l'intervention du segment de tête. Celui-ci, vu les responsabilités qui lui incombent dans le déclenchement et l'orientation de la locomotion, bénéficie de récepteurs particuliers, s'exerçant éventuellement *à distance*. Il possède également des ganglions plus complexes, capables de centraliser les données de toute la chaîne, aussi bien que de commander à celle-ci dans son ensemble. Ainsi s'ébauche l'*appareil supra-segmentaire* ou *cerveau*.

Tout apprenti-psychologue a lu les pages admirables où, de l'examen de ces structures, Sherrington déduit les conséquences qu'elles entraînent pour le comportement [1] : aux *réflexes*, conduites locales et immédiatement consommatrices, déclenchées par les

---

[1] *The integrative action of the nervous system*, Yale U.P., 1906[1], 1947[2].

récepteurs au contact et le système segmentaire (ou diffus), vont se superposer des conduites globales, à consommation retardée, répondant à l'activité des récepteurs à distance et du système supra-segmentaire, et impliquant conscience, sensation avec *projicience*, conation, anticipation du but et mise en œuvre des moyens pour l'atteindre, en un mot les *conduites instinctives*. — C'est à ces dernières, mais à elles seulement, que s'appliquent les notations de McDougall, Tolman et autres, concernant le comportement comme tel.

Il est possible que, chez les invertébrés, il soit passé immédiatement des réflexes aux instincts, ceux-ci gardant, dans leur stéréotypie et leur torpeur, quelques-uns des caractères de ceux-là. Chez les vertébrés supérieurs, cependant (et sans doute bien avant), une complication s'introduit par suite d'une dissociation sur laquelle Sherrington, à nouveau, a longuement insisté : celle de l'activité musculaire en contractions toniques, d'une part, cloniques, de l'autre, le *tonus* engendrant les attitudes, le *clonus* les actions, les premières *préparant* aux secondes.

Or le tonus accumulé peut se liquider de deux manières : en contractions purement *autoplastiques* et *expressives* : et c'est là la direction de *l'émotion;* en contractions *alloplastiques* et extérieurement efficientes : c'est celle de l'*instinct* proprement dit.

Où commence l'émotion dans la phylogénie? Nous ne nous hasarderons pas à le conjecturer [1]. Ce qui est sûr, c'est que, chez les mammifères, comme le remarque Hebb [2], du rat au chien, et du chien au chimpanzé et à l'homme, on constate une variété croissante de situations génératrices d'émotion, une diversité non moindre dans la gamme des réactions émotionnelles, enfin une persistance accrue de celles-ci bien après la stimulation qui les a fait naître. Il apparaît ainsi que « la susceptibilité émotionnelle grandit en même temps que la capacité intellectuelle. L'homme est le plus émotif, aussi bien que le plus rationnel, des animaux » [3].

---

[1] Suivant Cobb *(op. cit.)*, la première des réactions émotionnelles à s'individualiser serait la colère chez les reptiles.
[2] Hebb - Thompson, *The social significance of animal studies*, loc. cit., p. 554 ss.
[3] *Ibid.*, p. 553.

3° Il serait tentant de décrire le sort ultérieur du système nerveux dans les diverses directions où a évolué la vie : échinodermes, mollusques, articulés, vertébrés, et de l'observer à l'œuvre dans les formes où le psychisme atteint ses réalisations les plus hautes : céphalopodes, insectes sociaux, mammifères. On aboutirait sans doute à la vue développée par Bergson, et suivant laquelle, tandis que l'instinct va se compliquant et se perfectionnant sans cesse chez les insectes, un nouveau pouvoir : l'intelligence, prend un développement croissant chez les vertébrés. Il est frappant de voir, de part et d'autre, maints résultats comparables surgir de virtualités cependant bien différentes. Ainsi du langage, ou plutôt du *code de signaux* des abeilles, comparé au langage humain.

Force nous est, cependant, de nous en tenir à la direction des vertébrés. On retrouve, chez ces derniers, les formations que nous connaissons : système segmentaire, d'une part (moelle, passée en position dorsale, tronc cérébral, nerfs rachidiens étagés en 31 paires, nerfs crâniens de la 3e à la 12e paire), système supra-segmentaire primitif ou ancien cerveau, de l'autre (corps optostriés ou ganglions de la base, nerf optique ou 2e paire) [1]. Mais à ces structures anciennes vient se superposer, très discrètement d'abord chez les poissons, puis de plus en plus visible chez les batraciens, les reptiles, les oiseaux [2] et les mammifères, un second système supra-segmentaire ou nouveau cerveau : l'écorce cérébrale, dont le développement conditionne celui d'un type non encore rencontré de conduites,

[1] Il faut ranger également, parmi les formations supra-segmentaires la *substance réticulée* qui occupe la région centrale du tronc cérébral, du bulbe à l'hypothalamus postérieur. En relation par des fibres collatérales avec toutes les voies sensitives spécifiques, activée par celles-ci en même temps que par des fibres descendues du cortex, affectée par les modifications du milieu intérieur, notamment par l'adrénaline, capable enfin d'un automatisme rythmique, elle gradue l'état d'excitation électrique du cortex, et le maintient en état de vigilance par le canal de deux systèmes de projection, dont l'un fait relais dans les noyaux thalamiques ventro-postérieurs et dont l'autre passe par la capsule interne. Les messages sensoriels exercent ainsi un double effet : *activateur* et *informateur* (ce dernier, par la voie directe (spino)-thalamo-corticale).

Le système réticulé activateur ascendant se double d'un système facilitateur descendant qui augmente la tension musculaire et le tonus et prépare à l'action (voir H. W. MAGOUN, *The waking brain*, Thomas, Springfield, 1958; J. SCHLAG, *L'activité spontanée des cellules du S.N.C.*, Bruxelles, 1959).

[2] Ceux-ci se caractérisent, cependant, par un développement particulier des corps striés.

celles-ci *individuelles et acquises* par opposition aux conduites *innées et spécifiques* précédemment à l'avant-plan. L'*intelligence*, — un *construct* dans le sens défini au chapitre III — et entendue comme *faculté d'apprendre*, a donc son siège dans l'écorce.

L'écorce elle-même se construit en deux temps : au *paléocortex* ou *rhinencéphale* constitué chez les reptiles au débouché des voies olfactives (1ere paire), s'adjoint, chez les mammifères, un *néo-cortex* qui prend charge de la motricité, de la sensibilité générale, de la vision (rongeurs), enfin de l'audition (carnassiers). Longtemps, à vrai dire, le comportement de tous ces animaux *osmatiques* reste fondé principalement sur l'odorat. A partir des singes, cependant, l'animal se libère du contact avec le sol. Les membres antérieurs s'émancipent de la locomotion et deviennent libres pour la manipulation. Le toucher se développe, en proportion de la dextérité manuelle. Enfin, la vue, l'ouïe, l'odorat prennent, comme récepteurs à distance, une importance égale. Sur cette étape ultime de l'évolution, Cobb écrit admirablement : « This was the winning line, because an even development of all the senses, as opposed to specialization on some one sense, led to more association between senses. The sensory receiving stations in the neo-pallium developed association fibers to and from each other. Cortex for associational activity came into being and association is the basis of learning and intellect » [1].

On sait, en effet — et c'est là tout le problème, combien débattu et fameux, des *localisations cérébrales* — que le cortex humain, plissé et divisé par divers scissures et sillons en hémisphères, lobes et circonvolutions — comprend une mosaïque de territoires histologiquement et physiologiquement très différents.

Les *centres de projection*, sensitifs ou moteurs, et reliés à la périphérie par des *fibres de projection* ascendantes ou descendantes :
zone visuelle dans le lobe occipital (scissure calcarine);
zone auditive dans le lobe temporal (2e circonvolution);
zone de la sensibilité générale dans la circonvolution pariétale ascendante;
zone de la motricité dans la circonvolution frontale ascendante

---

[1] *Emotions and clinical medicine*, p. 40.

sont responsables de la *sensation* et du *mouvement*. Leur lésion entraîne des *anesthésies* ou *paralysies*, localisées ou étendues suivant les cas.

Des *centres d'association*, sensitifs ou moteurs, encore, jouxtant les précédents et reliés à eux par des *fibres d'association*, assurent les *gnosies* et *praxies* spécifiques, leur déficit se traduisant par des *agnosies* ou *apraxies*. Centres de projection et d'association combinés constituent — suivant l'expression de Pavlov — autant d'*analyseurs* spécifiques.

Enfin, des *aires intégratives* plus générales permettent, l'une (au confluent des lobes pariétal, temporal et occipital) les synthèses perceptives et cognitives, l'autre (à l'avant du lobe frontal) la poursuite conséquente des desseins volontaires. De leur synergie — et donc de tout le cerveau — dépend l'exercice des fonctions les plus hautes : apprentissage, mémoire, intelligence, volonté.

Des *fibres commissurales* coordonnent l'activité des deux hémisphères. Certaines fonctions ont cependant leur siège dans l'un seulement de ceux-ci, myélinisé et différencié quelque peu avant l'autre au cours de la croissance (hémisphère gauche chez les droitiers, droit chez les gauchers, par suite de la décussation des fibres sensitives et motrices). Ainsi du langage, localisé dans des régions adjacentes des lobes frontal (parler, écrire), temporal (comprendre) et pariétal (lire). Des lésions de cette zone produisent les divers types d'*aphasies*, soit électives, soit le plus souvent complexes et à symptômes multiples par suite de l'étendue de la lésion.

Ce qui caractérise le cerveau humain, c'est, outre sa quantité prodigieuse de neurones, sa richesse en fibres d'association, reliant en tous sens les territoires les plus divers. A mesure qu'on passe des phénomènes élémentaires : sensation et commande motrice, nettement localisés, à des activités plus synthétiques, telles que la perception, et surtout à des fonctions d'ensemble comme les apprentissages complexes, la mémoire, l'intelligence, le cerveau intervient de plus en plus *comme un tout*, les déficits éventuels dépendant, en ce cas, non tant du site que de l'étendue de la lésion. Ce qui régit alors le fonctionnement cortical, c'est le principe de la *mass action*. Même les aires spécifiques, outre qu'elles assurent leur fonction propre, participent en même temps à des intégrations plus générales. Ainsi l'aire visuelle demeure-t-elle active chez les aveugles [1].

[1] Cf. D. G. MARQUIS, *Neurology of learning* dans C. STONE, *Comparative Psychology*, 1951, pp. 292-313. " Each sensory area participates in two different kinds of function. In addition to its specific sensory function, the area contributes to some more general function concerned with integrations above a simple sensory motor level " (p. 303). Sur la participation du cortex visuel à des tâches non visuelles, voir D. KRECH, M. R. ROSENZWEIG, E. L. BENNET, *Effects of complex environment and blindness on rat brain*, *Archives of Neurology*, 8, 1963, pp. 403-412.

Au principe de la *mass action*, et dans la mesure où celui-ci s'en accommode, s'ajoute le principe de l'*équipotentialité*, suivant lequel " the subordinate parts are all capable of performing the functions of the whole " (MARQUIS, *op. cit.*, p. 309). Cela vaut pour le cortex entier, dans le cas de fonctions d'ensemble, aussi bien que pour les aires spécifiques, dans le cas de fonctions particulières : une pomme reste une pomme en quelque endroit de la rétine et de l'aire visuelle qu'elle se projette, et elle est reconnue comme pomme, indifféremment à partir de la vue, du tact, du goût, etc... Cela explique aussi les suppléances possibles et récupérations après lésion.

Nous avons rencontré, au chapitre premier, les problèmes que posaient les données du fonctionnement cérébral et résumé les hypothèses développées à ce propos. Nous n'y reviendrons pas ici.

On devine bien que, du poisson à l'homme, l'intelligence, fonction distinctive des vertébrés, passe par différents stades. A l'apprentissage par *liaison associative* et *conditionnement*, lié originellement aux conduites à consommation immédiate, se superpose l'apprentissage par *solution de problèmes*, greffé sur les conduites à consommation retardée et intervenant lorsque, dans le déploiement de l'instinct, un obstacle s'interpose entre l'animal et le but, imposant l'invention d'un détour. Cette invention s'obtient, soit par tâtonnements moteurs *(trial and error)*, soit par tâtonnements mentaux, parfois tellement rapides qu'ils donnent l'impression d'une intuition immédiate (insight) [1].

[1] La question de l'apprentissage donne lieu aux mêmes prises de position — moniste ou pluraliste — que le comportement en général. Il faut distinguer ici les faits et les théories. Les théoriciens de l'association, Ebbinghaus dans ses études expérimentales sur la mémoire, poursuivies par les enquêtes sur le *rote learning*, enfin Pavlov et l'école russe ont mis en évidence des faits d'apprentissage par *liaison associative* et *conditionnement*. Les Américains, à la suite de Thorndike et de Hull, ont longuement analysé les apprentissages par *trial and error* (par exemple dans le labyrinthe). Enfin, Köhler, dans ses études sur l'intelligence des singes supérieurs, a décrit un troisième type d'acquisition : par illumination mentale et *insight*, dont l'étude a été poursuivie en Amérique par l'école de Tolman. Ces trois groupes de faits d'apprentissage s'expliquent-ils par un principe unique, ou par deux, ou par trois? Les réflexologistes ne veulent admettre, comme principe explicatif, que le *conditionnement*, les disciples de Hull, le *renforcement* et la *loi de l'effet;* enfin Tolman tend à généraliser l'*insight* dans son principe d'*expectancy*. On a vu plus haut que Skinner combinait les suggestions de Pavlov et de Hull. — Notre avis, tel que nous l'avons développé, en 1956, au Congrès tenu à Strasbourg par l'*Association des psychologues scientifiques de langue française* (cf. *L'apprentissage*, P.U.F., 1957), est qu'il existe deux types irréductibles d'apprentissage, l'un par *liaison associative*, qui est le seul dont s'accommodent les conduites à consommation immédiate : réflexes et émotions, l'autre par *solution de problèmes*, lorsque dans le

Enfin, chez l'homme, dont l'écorce cérébrale, comparée à celle des anthropoïdes, double quasiment de volume par développement du lobe frontal, apparaît la pensée *symbolique et verbale*, capacité de manipuler des objets absents par le truchement de substituts : images, schémas, symboles, signes, termes du langage. C'est dans le cadre de la pensée verbale que se constituent les différents types de *croyances*, analysés avec tant de finesse par Janet. Aux niveaux les plus élevés, les solutions de problèmes acquises sur le plan des signes peuvent être immédiatement transposées aux objets. Une telle adéquation suppose dans l'intellect humain une capacité d'anticiper sur le réel et de lui dicter en quelque sorte ses lois. Il s'agit là de la *Raison*, tenue, à juste titre, non seulement par les philosophes, mais par des biologistes et ethologistes comme Lorenz, pour la faculté distinctive de l'homme. Ajoutons qu'à la raison s'adjoint la *volonté*, qui transpose éventuellement dans l'action, l'ordre souhaitable conçu par la raison.

On ne saurait trop insister sur cette capacité d'évoquer l'*absent* que possède l'homme par voie d'images et de mots, et sur la structuration d'ensemble de toutes les images qui aboutit à une représentation intra-cérébrale du monde. Celle-ci « se détache ainsi du pur sensoriel et acquiert une individualité autonome : tel objet n'est plus seulement extérieur, il est en nous sous forme de schème cérébral qui le représente et le fonctionnement cérébral va travailler sur ce schème, qui est une pensée dont la présence pourra être évoquée par imagination, rappel mnémonique en dehors de toute présence extérieure » [1].

Autour d'une image privilégiée, l'image du corps, s'organise, d'autre part, une *structure personnalisante* qui active à son gré les structurations cérébrales élémentaires, rappels de souvenirs, évocations d'images, etc... et utilise l'expérience du passé en vue de l'avenir, décide de la commande motrice, se soumet éventuellement aux injonctions de la logique et de la morale, enfin apparaît douée de liberté. Tout ceci dépend plus spécialement du lobe préfrontal [2].

---

déploiement de l'instinct, un *obstacle* s'interpose entre l'animal et le but et impose de trouver un *détour*, soit par tâtonnements moteurs *(trial and error)*, soit par tâtonnements mentaux *(insight)*. — Cette vue concorde avec celle de la psychologie populaire, qui distingue l'apprentissage par cœur et l'apprentissage par compréhension. Une sorte de mutation intervient chez l'homme avec la possibilité d'utiliser des symboles, mais les mêmes procédés font retour sur le plan des symboles, une fois ce plan constitué.

[1] CHAUCHARD, *Le cerveau humain*, p. 56.
[2] CHAUCHARD, *ibid*.

Comment s'opère cette insertion du rationnel et du libre dans le comportement et dans le fonctionnement cérébral? Des physiologistes comme Sherrington et Eccles n'ont pas craint de recourir ici à l'hypothèse dualiste et interactionniste et de faire place à un *postulated field of extraneous influence* agissant sur le cerveau sous forme de volonté libre [1]. Le " *traffic* " entre cerveau et esprit s'effectuerait dans les deux sens : du cerveau à l'esprit, dans la perception, la mémoire, etc..., de l'esprit au cerveau dans la décision volontaire.

Il faut convenir que cette conception n'est pas scientifiquement très satisfaisante. Mais la thèse opposée du *parallélisme psychophysiologique* n'est pas davantage plausible. Force est d'avouer que, dans ce problème crucial, nous ne voyons pas clair.

En conclusion, nous distinguons dans la phylogénie, sur la base tant de l'examen des structures que de l'analyse des fonctions, quatre types de comportements nettement individualisés :

1° Des *conduites réflexes* : locales, explosives (Janet) ou à consommation immédiate, déclenchées par un stimulus défini qu'elles modifient dans un sens défini, enfin liées *en principe* au système nerveux segmentaire. La conscience fait entièrement défaut à ce stade.

2° Des *conduites émotionnelles* : globales, explosives encore, déclenchées par certains types de situations *sui generis*, mais ne modifiant pas ces situations; purement *autoplastiques* et *expressives;* enfin liées au premier système supra-segmentaire (en même temps que, subsidiairement au système neuro-végétatif et même endocrinien). A ce stade, apparaît la conscience sous sa forme affective et *protopathique* (Head).

3° Des *conduites instinctives* : globales, suspensives (Janet) ou à consommation retardée, impliquant donc enchaînement de moyens et de fin, et articulation des phases de préparation et de consommation; déclenchées par la gamme des stimuli émanant d'un objet et modifiant cet objet, donc alloplastiques; enfin liées au même système supra-segmentaire primitif que l'émotion, quoique non nécessairement à des composantes identiques de celui-ci.

---

[1] SHERRINGTON, *Man on his nature*, 1951[2], pp. 180 ss. et 223; ECCLES, *The neurophysiological basis of mind*, 1953, pp. 270 ss.

La conscience se présente ici sous sa forme discriminative et *épicritique* (Head).

Pour terminer, par opposition à ces trois groupes de conduites, toutes trois innées et spécifiques :

4° *Des conduites intelligentes*, individuelles et acquises, elles-mêmes étagées en plusieurs niveaux, et liées à l'activité de l'écorce. La conscience révèle ici sa faculté d'analyse maximale.

Toutes ces conduites (à l'exception des réflexes) peuvent jouer de façon soit spontanée, soit provoquée, soit mixte, au sens défini au chapitre II. Celles des deuxième et troisième groupes, intimement liées, quoique leur issue soit différente, correspondent, dans le psychisme, à la couche du *caractère* et de l'*instinctivo-affectivité*, celles du quatrième groupe à la couche de l'*intelligence*. Avec bonheur, Slansky a parlé dans le même sens de *thymo-* et de *noopsychisme*. Il s'agit là de régions nettement tranchées, comportant des pathologies très différentes : névroses, psychoses, psychopathies, dans un cas; arriérations, régressions, confusions, dans l'autre.

La notion de *personnalité*, si importante en psychologie, se réfère avant tout à l'instinctivo-affectivité, quoiqu'elle n'exclue pas toute mention de l'intelligence. On fera bien de méditer, à cet égard, un texte admirable de Kretschmer, par quoi nous conclurons cette partie de notre exposé :

« C'est donc la base du cerveau qui, au point de vue de la physiologie cérébrale, constituerait le noyau de la personnalité, tandis que les hémisphères cérébraux ne formeraient qu'un instrument compliqué, se trouvant sous la dépendance de la base du cerveau, un appareil chargé de fonctions particulières, différenciées, dont la principale consisterait à enregistrer des *engrammes*. Il ne faut seulement pas perdre de vue que cette fine différenciation des impulsions, des réactions affectives et des comportements réflexes qui forment le patrimoine instinctif emmagasiné dans les organes de la base du cerveau, se trouve sous la dépendance étroite du développement de l'écorce cérébrale, et que c'est dans cette différenciation qu'il faut voir l'élément psychologique et distinctif de ce qu'on appelle une personnalité *humaine* »[1].

3. — Les limites du parallélisme entre les structures et les fonctions

Il convient maintenant d'apporter au parallélisme des structures et des fonctions, constamment invoqué par nous, deux réserves capitales, d'ailleurs de sens contraire.

1º Une loi très générale de la Biologie enseigne que *les fonctions précèdent les organes dans la phylogénie*. Il en résulte que le comportement, au moins à l'état inchoatif, précède l'apparition du système nerveux (chez les unicellulaires), le comportement global, l'apparition d'un système suprasegmentaire, enfin et surtout l'intelligence (particulièrement sous la forme du conditionnement) le développement de l'écorce. Ces fonctions prenant leur essor, des organes spécialisés se constituent pour en assurer le déploiement. A partir de ce moment, le parallélisme susmentionné s'établit fermement, et il y a proportion, d'espèce à espèce, entre la capacité intellectuelle et le développement de l'écorce (compte tenu, évidemment, du volume et de la surface extérieure de l'animal).

2º Une seconde loi, dite de *télencéphalisation*, constate qu'à mesure qu'ils se développent, les centres supérieurs tendent à déposséder les centres inférieurs de maintes de leurs attributions, apparemment pour une meilleure synergie des fonctions de niveaux originellement différents. C'est ainsi que, chez l'homme, les réflexes échelonnent leur siège tout le long de l'arc cérébro-spinal et jusque dans l'écorce (réflexe plantaire); que l'émotion et la conscience affective associent à l'hypothalamus, le rhinencéphale; que la vision et l'audition, logées primitivement dans le diencéphale (ancien cerveau), se raccordent au néo-cortex; qu'enfin l'instinct, s'il maintient dans le diencéphale sa base motivationnelle, fait intervenir l'écorce pour ses composantes sensorielles et motrices.

---

[1] *Manuel théorique et pratique de psychologie médicale*, 3e éd., Payot, 1927, p. 29.

Particulièrement instructives, apparaissent, du point de vue où nous nous plaçons ici, les expériences de décérébrations, soit infra- soit supra-thalamiques, pratiquées sur des vertébrés de toutes classes (poissons, grenouilles, tortues, pigeons, rats, chats, chiens, singes — sans oublier les quelques cas connus d'enfants anencéphales qui ont survécu peu de temps à leur naissance [1]).

Les décérébrations infrathalamiques réduisent invariablement l'animal, comme on peut s'y attendre, à l'état d'automate réflexe.

Les décérébrations suprathalamiques entraînent des déficits très variables, suivant l'espèce considérée et sa place dans la hiérarchie. Les poissons, les batraciens, les reptiles, même les oiseaux n'en sont guère affectés, sauf la perte de l'odorat, une certaine diminution de l'inititiative, enfin, chez l'oiseau, quelque trouble dans la discrimination, la gnosie et la rétention visuelles.

Le tableau change complètement chez les mammifères. Se plaçant au triple point de vue des fonctions sensorielles, motrices et centrales, Marquis [2] a relevé les oppositions suivantes :

1° Le rat décérébré ne peut plus discriminer les constellations visuelles, mais continue de percevoir les clartés, les positions, les distances des objets. Le chat, le chien, le singe ne gardent que la sensibilité aux différences de clarté. Enfin l'homme sans cortex est complètement aveugle.

2° Le rat, le chien et le chat décérébrés voient leur posture compromise, mais demeurent capables de se tenir sur leurs pattes et de marcher. Le singe peut, tout juste, garder la station assise, à condition qu'on l'y aide.

3° Le rat, le chat et le chien décérébrés, outre qu'ils préservent pas mal de leurs potentialités émotionnelles ou instinctives, restent capables d'apprentissage par conditionnement simple. Tout apprentissage est aboli chez l'enfant anencéphale.

Rien, mieux que ces données, ne met en lumière la prépotence

---

[1] Voir sur cette question J. LHERMITTE, *Les fondements biologiques de la psychologie*, Paris, Gauthier-Villars, 1925 et D. G. MARQUIS, *Neurology of learning*, dans C. STONE, *Comparative Psychology*, Prentice-Hall, 1951, pp. 295 ss.

[2] *Loc. cit.*

acquise par l'écorce cérébrale chez l'homme. Comme l'écrit encore Kretschmer [1] : « à l'intérieur de l'encéphale, les fonctions sont réparties de telle sorte qu'à la racine du cerveau se rattachent les synthèses héréditaires correspondant à des réactions instinctives d'ordre vital, tandis que l'écorce cérébrale proprement dite exerce le contrôle sur les manifestations isolées, différenciées, susceptibles de s'adapter aux situations à mesure qu'elles varient. Comme toutefois les manifestations des différentes régions cérébrales subissent au cours de l'évolution des déplacements essentiels, on aurait tort d'appliquer sans réserve à l'homme les données fournies par les expériences sur les chiens, et à l'homme adulte les données fournies par les observations sur les nouveau-nés ».

4. — **Les niveaux du comportement en psychopathologie**

Indispensable, selon nous, en psychologie normale et comparée, la théorie des niveaux du comportement ne révèle toutes ses virtualités qu'en psychologie pathologique, et c'est ici que nous rencontrons une doctrine dont l'action sur la psychopathologie des cinquante dernières années, a été des plus fécondes : celle de Hughlings Jackson [2].

Influencé, d'une part, par des psychiatres français, sur qui nous reviendrons, d'autre part par Darwin et Spencer, théoriciens de l'évolution et de la dissolution, Jackson conçoit l'évolution organique et psychique comme un passage progressif du plus au moins organisé, du plus simple au plus complexe, enfin du plus automatique au plus volontaire, la dissolution, au contraire, comme un processus de sens inverse, qui ramène à des stades normalement dépassés. D'où chez l'individu dont les centres sont lésés et les fonctions entamées, deux ordres de symtômes : les uns, négatifs, *causés* par la lésion, les autres, positifs, *libérés* par elle. « Si les gouvernants de ce pays étaient tout à coup exterminés, nous aurions deux raisons de nous

---

[1] *Op. cit.*, p. 76.
[2] Cf. *Evolution and dissolution of the nervous system*, Croonian Lectures delivered to the Royal College of Physicians, March, 1884, dans les *Selected Writings*, t. II, Londres, Hodder-Stoughton, 1932, pp. 45 ss.

affliger : 1° la perte du concours d'hommes éminents; 2° l'anarchie des populations désormais incontrôlées »[1].

Comme exemples de telles *libérations,* Jackson cite le délire, la crise épileptique, les effets de la fatigue et de l'intoxication alcoolique, enfin, dans l'aphasie, le langage automatique se substituant au langage volontaire. On voit que ces faits intéressent le noo- autant que le thymopsychisme, et la neurologie non moins que la psychiatrie.

Il est assez surprenant que la psychopathologie française du XXe siècle ait dû redécouvrir, chez un neurologiste anglo-saxon, une doctrine que celui-ci avouait tenir, pour une large part, des psychiatres français de son époque [2]. Nous avons montré ailleurs [3] que, chez Esquirol, Leuret, Moreau de Tours, Baillarger, Séglas, Ballet, Masselon et bien d'autres, s'ébauchait, et se fortifiait progressivement une conception qui, sous l'influence non douteuse de Maine de Biran et de Jouffroy, caractérise les divers déficits mentaux — rêve, ivresse, somnambulisme, hallucination, délire — par une triple composante :

1° Le relâchement du contrôle rationnel et volontaire qui assure normalement l'adaptation au réel et à l'action.

2° L'*émancipation* et l'*exercice automatique* des facultés inférieures : imagination, mémoire, affectivité.

3° La désagrégation de l'esprit.

C'est de cette lignée de théoriciens que Janet apparaît l'héritier lorsque, dans sa thèse mémorable sur l'*Automatisme Psychologique* (1889), il oppose à l'activité automatique l'activité de

[1] *Op. cit.,* p. 58.
[2] Jackson se réfère explicitement à Baillarger.
[3] *Le problème de l'hallucination et l'évolution de la psychologie d'Esquirol à Pierre Janet,* Liège-Paris, 1941. Baillarger, l'un des plus remarquables de ces auteurs, cite un texte de Jouffroy (*Des facultés de l'âme humaine,* dans les *Mélanges Philosophiques,* 3e éd., Paris, 1860, p. 249) qu'il vaut la peine de transcrire : « Comme un ouvrier prend et quitte tour à tour ses instruments, nous sentons la volonté tantôt se saisir des capacités de notre nature et les employer à ses desseins, tantôt les délaisser et les abandonner à elles-mêmes. *Et ce qu'il y a de plus remarquable, c'est que dans ce dernier cas, nos capacités n'en marchent pas moins pour être abandonnées par le pouvoir personnel. Elles se développent sans son secours et vont fort bien sans lui : leur développement, en cessant d'être sous sa direction, cesse de s'opérer au profit de ses volontés* ». Cf. de plus amples commentaires sur la conception de Jouffroy dans notre ouvrage, pp. 66-69.

synthèse, lorsque, dans ses enquêtes ultérieures sur les névroses (hystérie, psychasthénie), il propose la notion de *fonction du réel* (dont Freud devait faire le *principe de réalité*), lorsqu'enfin, parvenu à la pleine maîtrise de sa pensée et soucieux de différencier plus finement les « oscillations de l'esprit », il développe la théorie des niveaux du comportement, que nous avons rappelée plus haut.

A quel point cette théorie permet de diversifier et nuancer des manifestations pathologiques souvent fallacieusement groupées sous l'étiquette d'un terme unique, c'est ce que l'on verrait en caractérisant les délires, troubles variés de la croyance : *délire confusionnel*, et *onirique*, qui dérange même les conduites du plan moteur, supprime l'affirmation ou la croyance proprement dite, et ne laisse subsister qu'un langage inconsistant sans lien avec l'action ; délires *pithiatique, hystérique, psychasthénique*, qui, différents par ailleurs, s'accordent en ceci qu'ils arrêtent la régression au plan de la croyance asséritive et laissent l'individu capable d'affirmation, mais d'affirmations également insoucieuses des démentis de l'expérience, des exigences de la logique et des nuances qu'y introduirait la réflexion ; délires *systématiques* ou *interprétatifs* qui n'enlèvent plus à la croyance, par ailleurs éminemment réfléchie et rationnelle, que la possibilité de se corriger au contact de l'expérience.

Cette description structurale se complète, chez Janet, d'une explication dynamique, qui assigne aux régressions mentales ainsi qu'aux activités positives électives qu'elles libèrent, deux ordres de causes possibles : des lésions et chutes de niveau pures et simples, sans doute, mais aussi l'influence des régulations sentimentales (effort, fatigue, joie, angoisse) jouant à faux — autrement dit, dans notre langage, l'influence de l'émotion.

C'est en ce point que s'impose une comparaison avec Freud, lequel, très instruit de la tradition psychiatrique française et hôte de la Salpêtrière dans les années 1880, trouve chez les auteurs qui viennent d'être cités, tant de notions dont il fera — souvent taillées de neuf — des pièces maîtresses de son système : conception hiérarchique du psychisme ; dissociation possible de la conscience et action causale de l'inconscient ; importance du rêve comme voie d'accès à la compréhension des dérèglements de l'esprit; fonction du réel; rôle capital et issues diverses de l'instinctivo-affectivité.

Nous avons rappelé les *Formulations* de 1911 concernant le double régime de l'esprit : l'un, soumis au *principe du plaisir* et se matérialisant en décharges explosives et expressives, l'autre, gouverné par le *principe de réalité*, imposant délai à la décharge, et conduisant, par l'action et la pensée, à une modification appropriée du monde extérieur.

Cette dualité de niveaux reparaît, à un stade ultérieur de la pensée freudienne (1923), sous la forme du *Id*, ou Instinctivo-affectivité, divisée elle-même en *Instincts de vie* et *Instincts de mort*, tous deux cherchant décharge immédiate, et de l'*Ego*, siège de la perception, de la pensée, de la raison, de la commande motrice, et agent de décharge postposée, adaptée au réel [1]. A la vérité, le contrôle de l'*ego*, caractéristique de la santé psychique, n'est jamais que précaire. Il ressemble à un cavalier, trop souvent obligé de conduire sa monture là où celle-ci le mène, ou encore à un monarque constitutionnel qui y regarde à deux fois avant d'opposer son veto aux mesures décidées par son Parlement [2]. On voit que de Jackson et Janet à Freud, le pouvoir de la raison s'est considérablement amoindri, l'instinctivo-affectivité se renforçant d'autant.

---

[1] *The ego and the Id* (1923), Hogarth, Londres, 1927. " ...the ego has the task of bringing the influence of the external world to bear upon the id and its tendencies and to substitute the reality principle for the pleasure principle which reigns supreme in the id. In the ego, perception plays the part which in the id devolves upon instinct. The ego represents what we call reason and sanity, in contrast to the id which contains the passions... The functionnal importance of the ego is manifested in the fact that normally control over the approaches to motility devolves upon it... " (p. 30). " By virtue of its relation to the perceptual system, it (the ego) arranges the processes of the mind in a temporal order and tests their correspondence with reality. By interposing the process of thinking it secures a postponement of motor discharges and controls the avenues to motility " (p. 81).

[2] " Thus in its relation to the id, it (the ego) is like a man on horseback who has to hold in check the superior strength of the horse; with the difference that the rider seeks to do so with his own strength while the ego uses borrowed forces. The illustration may be carried further. Often a rider, if he is not to be parted from his horse, is obliged to guide it where it wants to go. So in the same way, the ego constantly carries into action the wishes of the if as if they were its own " (p. 30). " In the matter of action the ego's position is like that of a constitutional monarch, without whose sanction no law can be passed, but who hesitates long before imposing a veto on any measure put forward by Parliament " (p. 81). On comparera ces textes à celui de Jouffroy, cité à la note 3, p. 147.

Il faut ajouter qu'en cas de trouble, aussi bien Jackson que Janet attribuent la primauté causale au *déficit*, les *libérations* ne survenant qu'ensuite et par voie de conséquence. Freud adopte le point de vue inverse. Pour lui, c'est le déficit qui résulte du conflit. « Le neurologiste anglais estime, en effet, que la nature humaine normale implique un contrôle parfait des fonctions psychiques inférieures par les fonctions psychiques supérieures. Le psychiatre viennois pense, au contraire, que le contrôle parfait n'est que l'idéal inaccessible vers lequel tend tout l'effort de la culture et que la nature humaine normale comporte un certain antagonisme de l'instinct et de la raison : *homo ex contrariis compositus* »[1].

Il faudrait parler, en outre, du *Super-ego*, découverte géniale du Maître de Vienne, et des mille conflits, compromis, travestissements, refoulements, formations réactionnelles, sublimations, et symptômes variés, qui naissent des rencontres entre le *Id* et les instances supérieures du psychisme, et que le Fondateur de la Psychanalyse a dépistées et mises en lumière avec une perspicacité sans égale. Mais ceci nous entraînerait trop loin. Il suffisait à notre propos de noter la parenté des points de départ de Jackson, de Janet et de Freud, ainsi que leur commun accord sur une conception pluraliste du comportement.

---

[1] R. Dalbiez, *La méthode psychanalytique et la doctrine freudienne*, Paris, Desclée - De Brouwer, 1936, t. II, pp. 378-379. Même remarque pour Janet : « ...le point de vue de Freud est pluraliste, celui de Janet est unitaire. Pour Freud, la nature humaine la plus normale comporte un pluralisme de forces plus ou moins antagonistes, ce pluralisme tient à l'essence même de l'homme... Pour Janet, il en va tout autrement. Le maître du Collège de France considère l'être humain comme devant normalement être doté d'une unité à peu près parfaite. Il a toutes les peines du monde à se représenter qu'il puisse exister dans notre psychisme des forces réellement distinctes au point d'être normalement ou quasi normalement antagonistes... Les considérations précédentes montrent que le débat entre Freud et Janet atteint les proportions d'un conflit entre deux philosophies du composé humain » (t. II, p. 115). De là des interprétations différentes du refoulement, phénomène normal, issue d'un conflit normal, selon Freud, phénomène pathologique, symptôme et conséquence de déficit, selon Janet. — Cet admirable ouvrage est de ceux qui ont analysé avec le plus de profondeur l'opposition de Freud et de Janet, partis, cependant, de points très proches (cf. t. I, ch. IV, pp. 285-356; t. II, ch. II, pp. 85-142 et ch. V, pp. 359-438). Peut-être, toutefois, l'auteur ne tient-il pas assez compte du dernier état de la pensée de Janet, et du rôle pathogène attribué par lui aux *régulations sentimentales* (entendons : aux *émotions*) jouant à faux, ce qui serait de nature à rapprocher Janet de Freud.

En somme — négligeant les réflexes qui n'ont qu'une place mineure dans l'ensemble des conduites — on peut dire que toutes les avenues du présent chapitre convergent vers une triple notion, plus d'une fois rencontrée et commentée. L'activité neuro-musculaire s'effectue, nous l'avons souligné et c'est de là qu'il faut partir, par alternance de tensions toniques et de décharges cloniques. A la décharge brute, telle qu'elle s'observe dans l'épilepsie, correspond ce que nous avons cru pouvoir nommer le précomportement. La décharge s'enrichit de conscience affective et se coule en manifestations expressives dans l'émotion. Elle se hausse au niveau de la conscience discriminative et de l'action réglée, elle devient par-là même productive et créatrice, dans l'instinct complémenté par l'intelligence. Ainsi la capacité émotionnelle, et plus lointainement la vitalité, commandent-elles toutes les créations du génie humain [1].

Décharge, expression, production — ces trois termes résument donc toute l'activité comportementale au terme de l'une de ses principales lignes d'évolution. Mais là ne se borne pas leur vertu. Ils contiennent en puissance, en effet, en même temps qu'une hygiène psychologique, un art de vivre et une éthique.

---

[1] La même idée se retrouve, magnifiquement exprimée, chez le neurologiste de Harvard, St. Cobb, qui, recourant aux termes de *viscération*, *expression* et *effectuation* (proposés par Yakovlev) écrit (*op. cit.*, p. 46) : " converted into changes in the world of matter through the motility of effectuation, this " emotional " energy is the matrix and source of all human achievement through which man frees energy from matter, and so, not only pays the operational cost of maintenance of life as a process of visceral being, but of living as a process of productive, " creative " becoming ". Et encore (p. 87) : " Men with understanding (poets, leaders, physicians, etc.) have always known that discriminative decisions were made on a background of emotion, that feelings drive the intellect, motivate it and mobilize the body to action ". Le neurologiste américain se rencontre ici avec Bergson, dont les remarques concernant le rôle générateur de l'émotion dans les grandes conquêtes de la science, de l'art, de l'héroïsme, de la sainteté, sont dans toutes les mémoires (*Les deux Sources de la morale et de la religion*, 1932, pp. 35 ss.).

CHAPITRE V

DIFFÉRENCIATION DES SCIENCES PSYCHOLOGIQUES

Il en est de la Psychologie comme de la Biologie. Plus que de sciences unitaires, il s'agit là de *groupes* de sciences, que le progrès de la recherche et le perfectionnement des méthodes vont sans cesse diversifiant et multipliant.

Pendant de longs siècles, la psychologie a fait partie de la Philosophie à titre d'*étude de l'âme*. Réaliste et fonctionnaliste pendant l'Antiquité et le Moyen Age, la philosophie est devenue idéaliste et structuraliste avec Descartes, cependant que le rationalisme persistant du Père de la philosophie française faisait bientôt place, en Grande-Bretagne, à l'empirisme de Hobbes, Locke, Berkeley et Hume. C'est dans cette atmosphère empiriste et structuraliste qu'est né au XVIIIe siècle ce que l'on peut considérer comme le premier système, certes bien spéculatif encore, de psychologie scientifique : l'associationnisme (Hartley, 1749; Condillac, 1754; J. et J. S. Mill, Bain, Spencer) dont la vogue a duré un bon siècle.

Mais la philosophie n'est pas la seule source d'où dérive la science. S'il est vrai que cette dernière suppose une combinaison de faits et de théorie, et qu'à ses débuts elle hérite de la *philosophie* ses conceptions théoriques et modèles d'explication, les faits, elle les trouve accumulés en masse du côté des *techniques*. La médecine depuis Hippocrate, la pédagogie familiale et scolaire depuis les Stoïciens, l'art de conduire et diriger les peuples, sur lequel, par exemple, un Louis XIV ou un Napoléon se sont expliqués avec tant de profondeur, les observations sur la vie sociale consignées dans les écrits des romanciers et des moralistes, tout cela offre aux psychologues une abondance de données, dont il est douteux qu'ils aient jusqu'à présent exploité la totalité.

C'est au XIXe siècle seulement qu'est née la psychologie scientifique au sens plein du terme, c'est-à-dire consciente de ses objectifs et en possession de toute la gamme de ses méthodes : observation, expérimentation, mesure, explication. Différents pays et différentes personnes se partagent l'honneur de cette création. A l'Allemagne et à Wundt est dû l'essor de la psychologie physiologique et expérimentale. A la Grande-Bretagne et à Galton l'étude des différences individuelles. A la France, enfin, et à la longue série de penseurs qui aboutissent à Janet, la constitution de la psychologie pathologique.

Profitant de ces initiatives et les exploitant au maximum, les Etats-Unis ont conquis en Psychologie la première place, substituant au point de vue structuraliste persistant chez Wundt le point de vue fonctionnaliste et behavioriste que suggéraient les conceptions darwiniennes. Il faut dire que cette voie était déjà celle de Galton et de Janet, non moins que de Freud, dont les interventions au début du présent siècle ont, de toutes sortes de manières, révolutionné la science du comportement.

Dans le cadre de cette dernière, on distingue actuellement, à côté de la *Psychologie Générale* qui occupe ici la même place centrale que la Biologie Générale dans les Sciences de la Vie, une série de disciplines particulières, qui se caractérisent soit par un secteur d'étude plus circonscrit, soit par l'usage privilégié d'une méthode déterminée, soit enfin par un souci d'application pratique. Il va sans dire, d'ailleurs que, de l'une à l'autre de ces disciplines, des empiètements et recouvrements sont, en mainte occasion, inévitables.

1. La *psychologie physiologique* se voue, comme son nom l'indique, à l'étude des bases anatomophysiologiques des fonctions psychiques, plus particulièrement de ces fonctions dont la *description* même (et non pas seulement l'*explication*) fait intervenir les systèmes neuro-musculaire, endocrinien et même viscéral : sensibilité, motricité, émotion, motivation.

D'abord simple chapitre de la physiologie générale, ou même de la physique (acoustique, optique), la psychologie physiologique s'est développée au XIXᵉ siècle, principalement en Allemagne, grâce aux recherches successives de Weber, J. Müller, Helmholtz, Hering, Lotze, G. E. Müller, Wundt, Stumpf et Lipps sur les fonctions sensorielles, leurs récepteurs, leurs nerfs afférents, leurs excitants spécifiques, enfin sur les relations *psychophysiques* qui se font voir entre excitants et réponses. Parmi ces auteurs, une place éminente doit être réservée à Wundt, dont les *Principes de Psychologie Physiologique* (1873-74), en même temps qu'ils résument et codifient tout le travail antérieur, donnent pour la première fois son nom à la discipline nouvelle.

Dans le dernier tiers du XIXᵉ siècle, l'intérêt s'est porté sur les centres nerveux et sur les localisations corticales des fonctions sensitives (Fritsch, Hitzig) aussi bien que motrices (Ferrier, Sherrington). Au même moment, les progrès de l'histologie mettaient en évidence la structure fine du système nerveux, constitué de *neurones* articulés par des *synapses* (Waldeyer, 1891).

Le XXᵉ siècle s'ouvre par l'enquête magistrale de Sherrington sur les réflexes (1904), bientôt complétée par les travaux de Pavlov et de Bechterev sur les réflexes conditionnels. Les connaissances relatives au cortex et à ses localisations n'ont cessé de s'enrichir et de se compliquer, grâce à Franz, Lashley, Head, Goldstein, Halstead, Penfield. Langley met en lumière le mode de fonctionnement des systèmes végétatifs, sympathique et parasympathique. Enfin de Cannon à Beach, se constitue un nouveau chapitre de la psychologie physiologique, celui qui étudie l'influence du système endocrinien sur la vie psychique, plus spécialement sur l'émotion et la motivation. Les années récentes ont vu un rapide essor des études consacrées aux centres subcorticaux (thalamus, hypothalamus, substance réticulée) et au rôle joué par eux dans le côté *thymique* de la personnalité, par opposition au côté *noétique*, solidaire du cortex.

2. Proche de la précédente, la psychologie *expérimentale* ou de *laboratoire* a, cependant, un champ d'application beaucoup plus large, car on peut expérimenter au laboratoire, non seulement sur les bases anatomophysiologiques du comportement, mais sur le comportement même (mental, verbal, moteur), comme on le vit bientôt dans les études menées par Ebbinghaus sur la mémoire (1885) et surtout dans celles de Thorndike et de Köhler sur l'apprentissage (1898, 1915). Depuis lors, le domaine de la psychologie expérimentale n'a cessé de s'étendre et quoique la *perception* et l'*apprentissage* en constituent toujours les deux chapitres principaux, le thymopsychisme y figure en bonne place, grâce aux études sur les *conflits*, les *frustrations*, les *névroses expérimentales* (Maier, Masserman). Les sujets d'expérience sont le plus souvent des animaux, notamment des rats. Certaines recherches exigent, cependant, on le comprend, des sujets humains.

Le premier laboratoire de « Psychologie Expérimentale » fut ouvert à Leipzig en 1879 par Wundt. Un autre grand centre devait bientôt se fonder à Wurzbourg et se consacrer, sous l'impulsion de Külpe, à l'étude expérimentale des faits de pensée, un peu négligés par Wundt. Tant la pensée que la perception devaient être, dans la suite, réinterprétées en Allemagne sur de tout autres bases par la *Gestaltpsychologie* (Wertheimer, Köhler, Koffka, Lewin) qui substitue à la quête des éléments la mise en évidence des *formes* et organisations d'ensemble.

D'Allemagne, le mouvement expérimental s'étendit en France, en Angleterre et surtout aux Etats-Unis où St. Hall, Cattell,

Münsterberg, Titchener et d'autres, anciens élèves de Wundt, introduisirent l'esprit et les méthodes du maître allemand [1].

Il était réservé à W. James, et surtout à son élève Thorndike, d'émanciper la psychologie américaine de cette tutelle quelque peu étroite et de donner tout son essor à l'expérimentation *sur le comportement*. Au *structuralisme* orthodoxe de Titchener à Cornell s'opposa bientôt le *fonctionnalisme* de l'Ecole de Chicago, précurseur du *behaviorisme*. Thorndike invente la technique du rat dans le labyrinthe ou le *puzzle-box* et se fait l'initiateur des recherches sur l'*apprentissage par essais et erreurs*, appelées à une si grande fortune. A la base de cette direction nouvelle prise par la psychologie américaine, on aperçoit l'influence capitale de Darwin et de ses concepts d'adaptation et de lutte pour la vie.

A l'époque de Wundt, les termes *psychologie expérimentale* désignaient la psychologie scientifique dans son ensemble par opposition à la psychologie philosophique qui avait régné jusqu'alors. Leur sens s'est depuis lors notablement rétréci. Personne, actuellement, n'entend par *psychologie* autre chose qu'une dicipline purement scientifique. Par voie de conséquence, la psychologie dite expérimentale n'embrasse plus que les recherches poursuivies au laboratoire à l'aide d'appareils souvent compliqués par opposition aux enquêtes (non moins *scientifiques*) à base d'observation, de *field work*, de testage, d'analyse clinique ou d'expérimentation comprise dans un sens plus lâche.

3. La *psychologie animale* pratiquée par les psychologues tend à rejoindre l'*éthologie animale* des zoologistes, à ceci près que la première se pratique le plus souvent au laboratoire, sur des animaux relativement proches de l'homme (rats, chiens, chats, singes, anthropoïdes) et dans le dessein de préciser surtout leurs capacités d'*apprentissage* (plus récemment, les manifestations névrotiques dues aux échecs d'apprentissage), tandis que la seconde considère plus

---

[1] Les premiers laboratoires américains furent ceux de John Hopkins (1883, St. Hall); Pennsylvania (1888, Cattell); Harvard (1892, Münsterberg); Cornell (1892, Titchener); Columbia (1897, Thorndike). En France, le laboratoire du Collège de France eut pour directeur T. Ribot et celui de la Sorbonne, A. Binet. Le premier laboratoire anglais fut fondé à Cambridge avec C. S. Myers.

volontiers les animaux — et tous les animaux, des protozoaires aux produits les plus élevés de l'évolution dans la double direction des vertébrés et des invertébrés — dans leur milieu naturel et dans les mécanismes *instinctifs* qui leur permettent de faire face à ce milieu. L'initiateur des recherches expérimentales sur l'animal est Thorndike. L'éthologie s'est surtout développée en terre germanique.

De la psychologie animale entendue au sens le plus large, on rapprochera la *psychologie comparée*, quoique la méthode comparative qui donne son nom à cette dernière puisse instituer des rapprochements non seulement entre animaux d'espèces diverses et animaux et hommes, mais — non moins fructueusement — entre l'enfant et l'adulte, le primitif et le civilisé, enfin le bien portant et le malade. La psychologie comparée se révèle alors comme l'une des auxiliaires les plus précieuses de la psychologie générale.

4. La *psychologie de l'enfant et de l'adolescent* trouve son point de départ chez les théoriciens et réformateurs de l'éducation : Montaigne, Fénelon, Locke, Rousseau, Pestalozzi. Elle prend une allure nettement scientifique avec Preyer (*L'esprit de l'enfant*, 1881), Sully, St. Hall, W. Stern, Ch. Bühler, Binet, Claparède. Genève est resté, depuis un bon demi-siècle, l'un de ses centres principaux en Europe (Claparède, Piaget, Rey). Aux Etats-Unis se signalent, parmi d'autres, les Universités de Yale (Gesell), Minnesota (Anderson, Goodenough) et Californie (Jones).

La psychologie de l'enfant a beaucoup en commun avec la *psychologie développementale* ou *génétique*, quoique cette dernière puisse étendre ses enquêtes jusqu'à la maturité et même jusqu'à la période de déclin (*gérontologie*).

Ajoutons qu'avec un Piaget ou un Wallon, la psychologie de l'enfant vise à beaucoup plus qu'à faire comprendre l'enfant. Elle devient une voie d'approche privilégiée pour l'analyse et la compréhension du psychisme en général, particulièrement sous son aspect intellectuel et cognitif. La même remarque s'applique aux recherches psychanalytiques concernant les aspects affectifs et conatifs de l'enfance.

5. La *psychologie pathologique*, science des dérèglements et

déficiences du psychisme, ne doit pas être confondue avec la *psychiatrie*. Cette dernière fait partie des sciences médicales et vise à la définition d'entités nosologiques précises, dont elle met en lumière, autant que possible, l'étiologie, la pathogénie, l'anatomie pathologique, la symptomatologie, enfin la thérapeutique. La psychologie pathologique s'intéresse aux symptômes ou syndromes psychiques ou psychogènes. Comparant ces manifestations morbides avec les réactions normales du psychisme, elle cherche à construire des conceptions théoriques générales qui rendent compte des unes aussi bien que des autres. Sous cet aspect, la psychologie pathologique s'est révélée l'une des plus puissantes méthodes d'analyse des fonctions mentales, et il serait difficile d'exagérer son importance dans l'ensemble des sciences du comportement.

Issue de l'intérêt porté aux maladies mentales, d'une part (Pinel, Esquirol et leurs continuateurs), au « magnétisme animal » et à l'hypnotisme, de l'autre (Mesmer, Puységur, Liebeault, Bernheim, Charcot), la psychologie pathologique est, dans ses origines et premiers développements, une science essentiellement française. Constituée et perfectionnée pendant tout le cours du XIXe siècle, elle trouve son couronnement dans l'œuvre de Pierre Janet (1859-1947), l'un des plus grands maîtres que la psychologie compte à son actif[1].

Au début de ce siècle, cependant, une réforme capitale intervient avec Freud. Tandis que Janet, avec toute l'Ecole Française, mettait l'accent sur la constitution, Freud fait appel à l'action du milieu (surtout familial) et à l'apprentissage. A l'hypnotisme, thérapeutique purement symptomatique, d'ailleurs très limitée dans ses applications, se substitue la psychanalyse, thérapeutique causale. Vienne et Zurich (avec Bleuler et Jung) tendent à éclipser Paris. Des pays germaniques, les conceptions psychanalytiques se répandent en Angleterre et aux Etats-Unis où elles fusionnent avec les conclusions des expérimentateurs concernant le *learning*. D'où la naissance d'une psychologie et d'une psychiatrie *dynamiques*, offrant

---

[1] Nous avons retracé cette histoire dans *Le problème de l'hallucination et l'évolution de la Psychologie d'Esquirol à Pierre Janet*, Paris, Belles-Lettres, 1941.

à l'explication étiologique non moins qu'à l'intervention thérapeutique, infiniment plus de ressources que la psychopathologie préfreudienne.

6. La *psychologie différentielle*, étude des différences qui se marquent entre individus, entre sexes, entre races, etc. recourt forcément à l'instrument essentiel de détection et de mesure des différences : les *tests*, ainsi qu'à l'arsenal des méthodes statistiques qui entrent en scène dès que l'on envisage de vastes ensembles — populations ou échantillonnages — dans lesquels l'individu comme tel dissout son individualité. Elle comprend donc essentiellement la psychométrie et ces prolongements de la psychométrie que constituent le calcul des corrélations et l'analyse factorielle.

La psychologie scientifique à ses débuts, notamment avec Wundt, s'intéressait bien davantage aux principes généraux et à l'*Esprit humain* comme tel, qu'aux différences qui se marquent entre individus. C'est à Francis Galton, très influencé par Darwin, et par ses idées de variation, de sélection, d'adaptation, que l'on doit d'avoir eu l'intérêt attiré sur les différences individuelles et sur le problème de leur mesure (*Hereditary Genius*, 1869; *Inquiries into Human Faculty*, 1883). Dès le début du XIXe siècle, à vrai dire, les astronomes s'étaient préoccupés de l'*équation personnelle* de l'observateur. La tradition de Galton fut poursuivie en Grande-Bretagne par Pearson, Burt, Spearman, Thomson, cependant que Cattell, élève de Wundt, mais influencé également par Galton, inventait et mettait en circulation aux Etats-Unis les premiers tests mentaux (1890) [1]. Deux écrits à peu près contemporains, l'un des Français Binet et Henri : *La psychologie individuelle* (*Année Psychologique*, 1895), l'autre de l'Allemand W. Stern : *Uber Psychologie der individuellen Differenzen* (1900, devenu dans la réédition de 1921 : *Die differentielle Psychologie in ihren methodischen Grundlagen*) donnent à la discipline nouvelle, en voie de constitution, ses premiers traités de base. Enfin, en 1905, Alfred Binet publiait son *Echelle métrique de l'intelligence*, remaniée par lui en 1908 et 1911, et par Terman

---

[1] C'est également à Galton et Cattell, ainsi qu'à Fechner, que l'on doit la première utilisation de *rating scales*.

en 1916, prototype des nombreux tests d'intelligence générale qui ont vu le jour depuis lors. A l'heure actuelle, les Etats-Unis ont, dans le domaine de la psychologie différentielle comme dans tant d'autres, conquis la première place.

7. A cette branche de la psychologie, qui n'envisage l'individu que comme membre d'une population et support d'une distribution statistique, s'opposent du tout au tout l'*étude de la personnalité* et la *psychologie clinique*, qui peuvent être traitées ensemble. Certes, la personnalité individuelle peut s'étudier au laboratoire, ou encore par *testing* et *rating*, mais la psychologie clinique est la seule qui aboutisse à la restituer dans son unicité et sa totalité. Aux techniques statistiques se substituent alors les méthodes d'analyse clinique (projectives et autres) et au point de vue *cross-sectional* le point de vue longitudinal et développemental.

Aussi soucieuse d'explication et de reconstitution théoriques que d'observation et de description concrètes, la psychologie clinique s'assigne trois tâches essentielles : le diagnostic des personnalités individuelles et des types généraux auxquels elles se ramènent, l'étiologie de leurs manifestations par référence, soit à la constitution (Kretschmer, Sheldon), soit au milieu social et culturel (Kardiner et les anthropologistes), soit aux apprentissages et ratages antérieurs, récents et plus souvent lointains (Freud et les psychanalystes), enfin — si besoin en est — la solution des *problèmes* demeurés en suspens, et le redressement des troubles qu'ils ont causés, par voie de *Counseling* et de *Psychothérapie*.

Sous ce dernier aspect, qui la révèle comme l'une des directions essentielles de la psychologie appliquée, la psychologie clinique a connu, au cours des quinze dernières années, une immense popularité, due aux troubles causés ou mis en évidence par la guerre, et réclamant des traitements que les psychiatres étaient trop peu nombreux, et souvent trop mal armés, pour dispenser efficacement.

Fille de la psychologie pathologique, la psychologie clinique a grandement profité de la réforme freudienne et n'a pris tout son essor que grâce à elle. Il serait plus juste de dire que la psychanalyse, dont les protagonistes ont leurs sociétés, leurs revues, leurs congrès et tendent à afficher jalousement leur indépendance vis-à-vis de la psychologie, n'est rien d'autre que l'une des manifestations — à vrai dire privilégiée et singulièrement novatrice — de la psychologie clinique.

8. La *psychologie sociale* trouve ses origines lointaines chez des auteurs comme Hobbes, A. Comte, Tarde, Durkheim, Le Bon, et se constitue en science distincte avec McDougall (1908) et F. H. Allport (1924). Les problèmes posés par la dernière guerre ont considérablement accru son essor et conduit à un perfectionnement de ses méthodes, les « rat-psychologists » qui se sont tournés vers elle en quantité, introduisant ici un esprit plus expérimental.

Elle se laisse assez mal distinguer, d'une part, de la psychologie générale (car il n'est pas question d'exclure du domaine de cette dernière la totalité des conduites sociales) et, d'autre part, de la *sociologie* et de l'*anthropologie sociale* ou *culturelle*. Peut-être pourrait-on dire qu'il y a matière à psychologie sociale lorsqu'un *groupe* comme tel se constitue, cette discipline étudiant alors les interrelations de l'individu et du groupe (et non pas simplement ses relations avec les *socii*, ce qui est beaucoup plus général). La sociologie analyse les structures et fonctions des groupes constitués en *sociétés*, et l'*anthropologie sociale* ou *culturelle* la structure, l'origine et l'évolution des *cultures* [1].

9. L'*anthropologie sociale*, dont il vient d'être question, a absorbé ce que l'on nommait autrefois *psychologie des primitifs, psychologie des peuples, ethnologie, histoire des religions*, etc. revenant, après ce détour, à la psychologie des civilisés, dont elle renouvelle complètement les bases. Si l'animal agit le plus souvent sous l'empire d'instincts innés et spécifiques, le comportement humain, au contraire, est largement tributaire de l'apprentissage, et d'un apprentissage dont les racines plongent dans les profondeurs du milieu social et culturel. Mais la culture, à son tour, émane, en fin de compte, des individus et des motivations apparentes ou secrètes qui travaillent leur psychisme. Personnalité et culture s'impliquent donc l'une l'autre

[1] Nous renvoyons à ce que nous avons dit plus haut du *groupe*, de la *société* et de la *culture*.

et s'expliquent l'une par l'autre. D'où l'alliance qui s'est nouée, dans les années récentes, entre Anthropologie sociale, d'une part, et Psychologie clinique ou psychanalytique, de l'autre. Sous cet aspect « dynamique », et quoique l'un de ses plus grands initiateurs soit un Polonais, Malinowski (à vrai dire, fixé à Londres), l'anthropologie est une discipline presque exclusivement anglo-saxonne et américaine.

10. Enfin, comme toute science digne de ce nom, plus particulièrement comme la physique et la biologie, dont dépendent les arts de l'ingénieur et du médecin, la psychologie rend possibles des interventions pratiques, qui font l'objet de la *psychologie* dite *appliquée*.

Celle-ci a débuté modestement, sous le nom de *psychotechnique*, par la mise au point de méthodes, essentiellement psychométriques, d'orientation et de sélection professionnelles. Son domaine s'est, depuis lors, considérablement élargi et les méthodes cliniques ou sociales ont, dans beaucoup de cas, complété ou même supplanté les recettes psychométriques.

On distingue :

a) La *psychologie scolaire et pédagogique*, fondée essentiellement, comme il est naturel, sur les acquisitions de la psychologie de l'enfant.

b) La *psychologie industrielle*, qui absorbe l'ancienne psychotechnique, en étendant notablement son champ d'application. Il s'agit ici de toutes les méthodes qui permettent d'assurer, suivant l'expression de Bonnardel, une meilleure adaptation de l'homme à son métier, non moins que du métier à l'homme : orientation et sélection, sans doute, mais aussi prévention des accidents, atténuation de la fatigue et de l'ennui, aménagement du cadre matériel, instauration de relations sociales satisfaisantes entre ouvriers et dirigeants, dépistage des frustrations, maintien d'un « moral » favorable.

La *psychologie militaire*, de création toute récente, rencontre des problèmes analogues et peut être classée sous la même rubrique.

c) Rappelons enfin que la psychologie clinique vise à diagnostiquer, comprendre et traiter les *problèmes* et les *troubles* qui guettent la personnalité humaine à toutes les étapes de son développement. Relations perturbées des enfants et des parents dans la famille, crises de l'adolescence, propensions à la perversion ou à la délinquance, hésitations dans le choix d'une carrière ou d'un conjoint, problèmes du couple, de l'adaptation sexuelle et de l'entente conjugale, bilans insatisfaisants de la maturité, dépressions du déclin : autant d'occasions d'intervenir pour le psychologue clinicien, secondé éventuellement par le psychiatre et l'auxiliaire sociale.

Ces interventions s'exercent à deux niveaux d'inégale gravité. Le *Counseling* s'attaque aux problèmes rencontrés par une personnalité en principe saine. La *Psychothérapie* cherche à guérir les *troubles* qui résultent de problèmes non résolus. Plus généralement, la psychologie clinique s'emploie à définir, au moins approximativement, les traits essentiels de la santé psychique et de l'hygiène qui y conduit. Ses interventions thérapeutiques n'auraient d'ailleurs pas de sens, si elles n'étaient guidées par une certaine notion, au moins implicite, de la normalité psychique.

On se gardera, cependant, comme on y tend parfois, de confondre normalité psychique et excellence morale, le problème des fins dernières de la conduite demeurant réservé à la Philosophie. S'il est vrai, comme l'indique Freud, que le signe essentiel de la santé psychique est la capacité d'aimer et de travailler *(Arbeiten und lieben)*, c'est à l'Ethique qu'il appartient de décider vers quel but orienter notre amour et notre effort.

Nous touchons là, on le comprend, à un problème d'ordre très général, qui ne se pose pas uniquement en ce qui concerne la Psychologie : celui des rapports de la Science et de la Philosophie. Cette dernière, d'abord Savoir global, a cédé de plus en plus de ses attributions aux diverses sciences, au point qu'on a pu se demander s'il lui resterait finalement quelque fonction propre. A cette question, Comte, dans sa *Loi des Trois Etats* a répondu, comme on le sait, par la négative.

Cette illusion du positivisme scientiste n'est pas la nôtre. La psychologie scientifique est bien loin d'être achevée, mais à supposer qu'elle le soit jamais, les problèmes de la personne humaine, de sa place dans l'univers, de son origine et de son destin, resteront exactement ce qu'ils étaient : matière à réflexion philosophique.

L'essor des sciences de la matière et des techniques qui en dérivent, s'est soldé peut-être par plus de destructions que d'avantages. Aussi beaucoup de psychologues ont-ils nourri l'espoir de voir les progrès de leur science susciter un nouvel humanisme et contribuer au salut de la civilisation. Il se peut que des résultats mineurs soient obtenus dans ce sens. Mais ce qui donne à la civilisation son fondement dernier, ce n'est pas une science, quelle qu'elle soit, même pas une psychologie, c'est une métaphysique.

BIBLIOGRAPHIE

HISTOIRE DE LA PSYCHOLOGIE :

G. MURPHY, *Historical Introduction to modern Psychology*, Harcourt-Brace, 1929¹, 1949².
E. G. BORING, *A History of Experimental Psychology*, Appleton, 1929¹, 1950²; *Sensation and Perception in the history of experimental Psychology*, Appleton, 1942.
J. C. FLUGEL, *A Hundred years of Psychology 1833-1933; with additional parts on developments 1933-1947*, London, Duckworth (1933¹), 1951².

PSYCHOLOGIE GÉNÉRALE :

Quelques classiques et ouvrages de base :

W. JAMES, *The Principles of Psychology*, Holt, 1890, 2 v.
W. MCDOUGALL, *An Outline of Psychology*, Methuen, 1923.
J. B. WATSON, *Psychology from the standpoint of a behaviorist*, Lippincott, 1919¹, 1929³.
W. STERN, *Allgemeine Psychologie auf personalistischer Grundlage*, La Haye, Nijhoff, 1935.
K. KOFFKA, *Principles of Gestalt Psychology*, Kegan, 1935.
W. KÖHLER, *Gestalt Psychology : an introduction to new concepts in modern Psychology*, Liveright, 1940.
K. LEWIN, *Principles of topological Psychology*, McGraw Hill, 1936; *Psychologie dynamique, Les relations humaines*, P.U.F., 1959.
S. FREUD, *Introduction à la Psychanalyse*, (1917), tr. fr. Payot, 1922; *Nouvelles conférences sur la Psychanalyse*, (1933), tr. fr. Gallimard, 1936; *Abrégé de Psychanalyse*, (1940), tr. fr. P.U.F., 1950; *The standard edition of the complete psychological works*, Hogarth-London, 1953.

Traités et manuels :

G. DUMAS, *Nouveau Traité de Psychologie*, Alcan, 1930 ss.
H. WALLON, *La vie mentale*, t. VIII de l'*Encycl. Fr.*, Paris, 1938.
G. PRADINES, *Traité de Psychologie*, 2 t. en 3 v., P.U.F., 1943.
J. DELAY-P. PICHOT, *Abrégé de Psychologie à l'usage de l'étudiant*, Masson, 1962.

R. S. Woodworth-D. G. Marquis, *Psychology*, 1921[1], 1947[5].
J. F. Dashiell, *Fundamentals of General Psychology*, Houghton Mifflin, 1937[1], 1949[2].
K. F. Muenzinger, *Psychology. The Study of Behavior*, Harper, 1939[1], 1942[2].
G. Murphy, *An Introduction to Psychology*, Harper, 1951.
F. L. Harmon, *Principles of Psychology*, Milwaukee, Bruce, 1951.
R. Stagner-T. F. Karwoski, *Psychology*, McGraw Hill, 1952.
E. R. Hilgard, *Introduction to Psychology*, Harcourt Brace, 1953.
C. E. Osgood, *Method and Theory in Experimental Psychology*, New York, Oxf. U.P., 1953.
H. E. Garrett, *General Psychology*, American Book, 1955.
C. T. Morgan, *Introduction to Psychology*, McGraw Hill, 1956.
D. Krech-R. Crutchfield, *Elements of Psychology*, Knopf, 1959.
S. Koch (ed.), *Psychology : A Study of a Science*, McGraw Hill, 1959 ss. (en cours de publication).

Divers :

H. Piéron, *Vocabulaire de la Psychologie*, P.U.F., 1957.
H. B. English-A. C. English, *A comprehensive dictionary of Psychological and Psychoanalytical terms*, Longmans Green, 1958.
Ph. L. Harriman, *Encyclopedia of Psychology*, N. Y., Philosophical Library, 1946.

PSYCHOLOGIE PHYSIOLOGIQUE :

C. S. Sherrington, *The integrative action of the nervous system*, Yale U.P., 1906[1], 1947[2].
J. F. Fulton, *Physiology of the nervous system*, Oxford U.P., 1933[1], 1949[3].
C. T. Morgan-E. Stellar, *Physiological Psychology*, McGraw Hill, 1943[1], 1950[2] (tr. fr. P.U.F.), 1965[3].
F. A. Beach, et al., *The neuropsychology of Lashley*, McGraw Hill, 1960.
G. Viaud, Ch. Kayser, M. Klein, J. Medioni, *Traité de Psycho-Physiologie*, en cours de publication aux P.U.F.

PSYCHOLOGIE EXPÉRIMENTALE :

H. Piéron, *Psychologie expérimentale*, Colin, 1952[7].
P. Fraisse et J. Piaget (ed.), *Traité de Psychologie Expérimentale*, en cours de publication aux P.U.F.
R. S. Woodworth, *Experimental Psychology*, Holt, 1938 (tr. fr. P.U.F.).

R. S. WOODWORTH-H. SCHLOSBERG, *Experimental Psychology*, Revised edition, Holt, 1954.
L. POSTMAN-J. P. EGAN, *Experimental Psychology : an Introduction*, Harper, 1949.
S. S. STEVENS, *Handbook of Experimental Psychology*, Wiley, 1951.
C. E. OSGOOD, *Method and Theory in Experimental Psychology*, New York, Oxford U.P., 1953.

PSYCHOLOGIE ET ÉTHOLOGIE ANIMALES. PSYCHOLOGIE COMPARÉE :

P. GUILLAUME, *Psychologie animale*, Colin, 1940.
N. R. F. MAIER-T. C. SCHNEIRLA, *Principles of Animal Psychology*, McGraw-Hill, 1935.
C. P. STONE, *Comparative Psychology*, Prentice Hall, 1934^1, 1951^2.
N. TINBERGEN, *The Study of Instinct*, London, Oxford U. P., 1951 (trad. fr. Payot, 1956).
C. H. SCHILLER, *Instinctive Behavior, The development of a modern concept*, Intern. Univ. Press, New York, 1957.
W. H. THORPE, *Learning and Instinct in Animals*, Methuen, 1956^1, 1958^2.

PSYCHOLOGIE DE L'ENFANT ET PSYCHOLOGIE GÉNÉTIQUE OU DÉVELOPPEMENTALE :

H. WALLON, *L'évolution psychologique de l'enfant*, Colin, 1941.
P. A. OSTERRIETH, *Introduction à la psychologie de l'enfant*, Liège, Thone, 1957.
R. C. BARKER, J. S. KOUNIN, H. F. WRIGHT (ed.), *Child Behavior and development*, McGraw Hill, 1943.
L. CARMICHAEL, *Manual of Child Psychology*, Wiley, 1946^1, 1954^2 (tr. fr. P.U.F.).
R. I. WATSON, *Psychology of the Child*, Wiley, 1959.
H. WERNER, *Comparative Psychology of mental development*, Chicago, Follett, 1940^1, 1948^2.
J. E. ANDERSON, *The Psychology of development and personal adjustment*, Holt, 1949.
F. L. GOODENOUGH-L. TYLER, *Developmental Psychology*, Appleton, 1959^2.
P. H. MUSSEN, J. J. CONGER, J. KAGAN, *Child development and Personality*, Harper, 1963.
Et les nombreux ouvrages de K. et CH. BUHLER, A. GESELL, J. PIAGET.

PSYCHOLOGIE PATHOLOGIQUE ET PSYCHIATRIE :

D. K. HENDERSON-A. D. GILLESPIE, *A textbook of Psychiatry for students and practitioners*, London, Oxford U.P., 1927¹, 1950⁷ (tr. fr. P.U.F.).

W. MUNCIE, *Psychobiology and Psychiatry*, St Louis, Mosby, 1939¹, 1948².

K. JASPERS, *Psychopathologie générale* (1913), tr. fr. P.U.F., 1928.

E. KRETSCHMER, *Manuel théorique et pratique de Psychologie médicale*, 3e éd. (1926), tr. fr. Payot, 1927.

O. SCHWARZ, *Medizinische Anthropologie*, Hirzel, 1929; *Sexualitat und Persönlichkeit*, Weidmann, 1934; *Sexualpathologie*, Weidmann, 1935.

ENCYCLOPÉDIE MÉDICO-CHIRURGICALE, tome *Psychiatrie*, 3 v., Paris, 1955 ss.

H. EY, P. BERNARD, CH. BRISSET, *Manuel de Psychiatrie*, Masson, 1963.

P. JANET, *L'automatisme psychologique*, Alcan, 1889; *Les névroses*, Flammarion, 1930; *De l'angoisse à l'extase*, P.U.F., 1926-1928, 2 v.

J. DELAY, *Les dérèglements de l'humeur*, P.U.F., 1947; *Introduction à la médecine psychosomatique*, Masson, 1961.

O. S. ENGLISH-G. H. T. PEARSON, *Common neuroses of children and adults*, Norton, 1937; *Emotional problems of living*, Allen-Unwin, 1947.

O. FENICHEL, *The psychoanalytic theory of neurosis*, Norton, 1945 (tr. fr. P.U.F.).

W. MCDOUGALL, *An outline of abnormal Psychology*, Methuen, 1926.

A. H. MASLOW-B. MITTELMAN, *Principles of abnormal Psychology*, Harper, 1941.

J. H. MASSERMAN, *Principles of dynamic Psychiatry*, Saunders, 1946¹, 1947², (tr. fr. P.U.F.).

R. W. WHITE, *The abnormal Personality : a textbook*, Ronald, 1948.

N. CAMERON, *The psychology of behavior disorders*, Houghton-Mifflin, 1947; *Behavior Pathology*, Houghton-Mifflin, 1951.

C. LANDIS-M. M. BOLLES, *Textbook of abnormal Psychology*, Macmillan, 1950².

PSYCHOLOGIE DIFFÉRENTIELLE :

A. ANASTASI-J. P. FOLEY, *Differential Psychology : individual and group differences in behavior*, Macmillan, 1937¹, 1949². Et les ouvrages cités plus haut concernant les tests, le calcul des corrélations, l'analyse factorielle.

PSYCHOLOGIE DE LA PERSONNALITÉ ET PSYCHOLOGIE CLINIQUE :

G. W. ALLPORT, *Personality, a psychological interpretation*, Holt, 1937.

H. A. MURRAY, *Explorations in Personality : a clinical and experimental study of fifty men of college age*, New York, Oxford U.P., 1938 (tr. fr. P.U.F.)

G. MURPHY, *Personality, a biosocial approach to origins and structures*, Harper 1947.

D. C. McCLELLAND, *Personality*, Sloane, 1951.

R. W. WHITE, *Lives in progress, a study of the natural growth of personality*, Dryden Press, 1952.

C. KLUCKHOHN, H. A. MURRAY, D. M. SCHNEIDER, ed., *Personality in nature, society and culture*, Knopf, 1948[1], 1953[2].

G. S. BLUM, *Psychoanalytic theories of Personality*, McGraw Hill, 1953 (tr. fr. P.U.F.).

C. S. HALL-G. LINDZEY, *Theories of Personality*, Wiley, 1957.

R. B. CATTELL, Ses ouvrages cités dans le texte.

E. KRETSCHMER, *Körperbau und Character*, 1921 (tr. fr. Payot).

W. H. SHELDON, S. S. STEVENS, W. B. TUCKER, *The varieties of human physique : an introduction to constitutional psychology*, Harper, 1940 (tr. fr. P.U.F.).

W. H. SHELDON-S. S. STEVENS, *The varieties of temperament : a psychology of constitutional differences*, Harper, 1942 (tr. fr. P.U.F.).

J. McV. HUNT, *Personality and the behavior disorders, a handbook based on experimental and clinical research*, Ronald, 1944, 2 v.

T. W. RICHARDS, *Modern Clinical Psychology*, McGraw Hill, 1946.

C. M. LOUTTIT, *Clinical Psychology of Children's Behavior Problems*, Harper, 1936[1], 1947[2].

L. A. PENNINGTON-I. A. BERG, *An Introduction to Clinical Psychology*, Ronald, 1948.

R. I. WATSON, *The clinical method in Psychology*, Harper, 1951.

R. W. WALLEN, *Clinical Psychology, The Study of Persons*, McGraw Hill, 1956.

E. K. BELLER, *Clinical Process*, Glencoe Press, 1962.

P. PICHOT, *Les tests mentaux en Psychiatrie*, P.U.F., 1949.

J. DELAY, P. PICHOT, P. PERSE, *Méthodes psychométriques en clinique. Tests mentaux et interprétation*, Masson, 1955.

A. REY, *L'examen clinique en Psychologie*, P.U.F., 1958.

R. MEILI, *Manuel de diagnostic psychologique*, P.U.F., 1964.

D. RAPAPORT, *Diagnostic Psychological Testing*, Chicago, Yearbook Publishers, 1945-1946, 2 v.

S. ROZENZWEIG, *Psychodiagnosis*, Grune-Stratton, 1949.

C. R. ROGERS. *Counseling and Psychotherapy*, Houghton-Mifflin, 1942; *Client centered therapy*, Houghton-Mifflin, 1951.

C. R. ROGERS-G. M. KINGET, *Psychothérapie et relations humaines*, 2 v., Nauwelaerts, Louvain, 1962.

E. GLOVER, *The technique of Psychoanalysis*, Baillière, Londres, 1955 (tr. fr. P.U.F.).

P. M. SYMONDS, *Dynamics of Psychotherapy*, Grune-Stratton, 1958, 3 v.

F. ALEXANDER, T. M. FRENCH, et al., *Psychoanalytic Therapy : Principles and Application*, Ronald Press, 1946 (tr. fr. P.U.F.).

F. FROMM-REICHMANN, *Principles of intensive Psychotherapy*, Univ. of Chicago Press, 1950.

S. R. SLAVSON, *An introduction to Group Therapy*, Commonwealth Fund, 1943; *Analytic group psychotherapy with children, adolescents and adults*, Columbia U.P., 1950 (tr. fr. P.U.F.).

J. DOLLARD-N. E. MILLER, *Personality and Psychotherapy : an analysis in terms of learning, thinking and culture*, McGraw Hill, 1950.

O. H. MOWRER, *Psychotherapy, theory and research*, Ronald Press, 1953.

PSYCHOLOGIE SOCIALE :

J. STOETZEL, *La Psychologie sociale*, P.U.F., 1963.

R. DAVAL, *Traité de Psychologie sociale*, P.U.F., 1963, 2 vol.

W. MCDOUGALL, *An introduction to Social Psychology*, Methuen, 1908[1], 1950[30]; *The group mind*, Cambridge U.P., 1920[1], 1927[2].

F. H. ALLPORT, *Social Psychology*, Houghton-Mifflin, 1924.

O. KLINEBERG, *Social Psychology*, Holt, 1940 (tr. fr. P.U.F.).

D. KRECH-R. S. CRUTCHFIELD, *Theory and Problems of Social Psychology*, McGraw Hill, 1948 (tr. fr. P.U.F.).

M. SHERIFF, *An outline of Social Psychology*, Harper, 1948.

T. M. NEWCOMB, *Social Psychology*, Dryden Press, 1950.

L. W. DOOB, *Social Psychology : an analysis of human behavior*, Holt, 1952.

L. FESTINGER-D. KATZ, *Research methods in the behavioral Sciences*, Dryden, 1953 (tr. fr. P.U.F.).

G. LINDZEY, *Handbook of Social Psychology*, Addison-Wesley, Cambridge, Mass., 1954, 2 v.

ANTHROPOLOGIE SOCIALE :

L. LÉVY-BRUHL, ses nombreux ouvrages sur la psychologie des primitifs.

B. Malinowski, ses nombreux ouvrages traduits en français :
Les Argonautes du Pacifique Occidental (1922), Gallimard, 1963.
La vie sexuelle des sauvages du N. O. de la Mélanésie, Payot, 1930.
La sexualité et sa répression dans les sociétés primitives, Payot, 1932.

R. Benedict, *Patterns of culture*, Houghton-Mifflin, 1934 (tr. fr. P.U.F.).

A. Kardiner, *The individual and his society; the psychodynamics of primitive social organization*, Columbia U.P., 1939.

A. Kardiner, *The Psychological frontiers of society*, Col. U.P., 1945.

R. Linton, *The cultural background of Personality*, Appleton, 1945 (tr. fr. Dunod); *The tree of Culture*, Knopf, 1956.

M. J. Herskovits, *Man and his works*, Knopf, 1951 (tr. fr. P.U.F. *Les bases de l'anthropologie culturelle*).

C. Kluckhohn, H. A. Murray, D. M. Schneider, ed., *Personality in nature, society and culture*, Knopf, 1948[1], 1953[2].

C. Kluckhohn, *Mirror for Man*, McGraw Hill, 1950, traduit par M. Richelle sous le titre : *Initiation à l'Anthropologie*, éd. Dessart, Bruxelles, 1964.

PSYCHOLOGIE APPLIQUÉE :

H. Piéron, *Traité de Psychologie Appliquée*, P.U.F., 1949 ss.

A. T. Poffenberger, *Principles of Applied Psychology*, Appleton, 1942.

W. James, *Talks to teachers on Psychology*, Holt, 1899, réed. Dover Publications, 1962 (tr. fr. Payot).

E. L. Thorndike, *Educational Psychology*, Columbia U.P., 1913-1914, 3 v.

A. I. Gates, et al., *Educational Psychology*, Macmillan, 1948[3].

C. E. Skinner, ed., *Educational Psychology*, Prentice Hall, 1951[2].

J. M. Stephens, *Educational Psychology*, Holt, 1951.

L. J. Cronbach, *Educational Psychology*, Harcourt Brace, 1954.

D. E. Super, *The dynamics of vocational guidance*, Harper, 1942; *Appraising vocational fitness by means of psychological tests*, Harper, 1943.

E. K. Strong, *Vocational interests of men and women*, Stanford U.P., 1943.

R. L. Thorndike, *Personnel selection : test and measurement techniques*, Wiley, 1949.

R. Bonnardel, *L'adaptation de l'homme à son métier*, P.U.F., 1946.

M. S. Viteles, *Industrial Psychology*, Norton, 1932.

J. Tiffin, *Industrial Psychology*, Prentice Hall, 1952[2].

E. E. GHISELLI-C. W. BROWN, *Personnel and Industrial Psychology*, McGraw Hill, 1948.

N. R. F. MAIER, *Psychology in Industry : a psychological approach to industrial problems*, Houghton-Mifflin, 1942; *Principles of human relations : application to management*, Wiley, 1952.

INDEX

(Les chiffres en italique renvoient aux notes en bas de pages)

ABT (L.E.), *99*.
ADLER (A.), 122.
ALEXANDER (F.), 21, 122, 172.
ALLPORT (F.H.), 162, 172.
ALLPORT (G.W.), *81*, 98, 106, 170.
ANASTASI (A.), 170.
ANDERSON (J.E.), 158, 169.
ANDERSON (G.L.), *99*.
ANDERSON (H.H.), *99*.
ANDREWS (T.G.), *64*.
ANGELL (J.R.), 59.
ANSTEY, 97.
ANZIEU (D.), *99*.
ARCHIMÈDE, 71.
ARTHUR (G.), 97.

BACON (F.), 72.
BAILLARGER (J.), 147.
BAIN (A.), 153.
BALLET (G.), 147.
BARKER (R.C.), 169.
BARTLETT (F.C.), 73, 77, 78.
BEACH (F.A.), 37, 156, 168.
BECHTEREV (W.), 59, 127, 155.
BEER (T.), 59.
BELL (H.M.), 98.
BELL (J.E.), *99*.
BELLAK (L.), *99*.
BELLER (E.K.), 171.
BENEDICT (R.), 173.
BENNET (E.L.), *139*.
BERG (I.A.), 171.
BERGSON (H.), 81, 83, 137, *151*.
BERKELEY (G.), 153.
BERNARD (C.), 20, 72.
BERNARD (P.), 170.
BERNHEIM (H.), 159.
BERNREUTER (R.G.), 98.
BETHE (A.), 59.
BINET (A.), 96, 99, 111, *157*, 158, 160.

BLANCHE (R.), *8*.
BLEULER (E.), 159.
BLOCH (B.), *8*.
BLOOMFIELD (L.), *8*.
BLUM (G.S.), 171.
BOHN (G.), 59.
BOLLES (M.M.), 170.
BONNARDEL (R.), 27, 163, 173.
BORING (E.G.), 167.
BRACHET (A.), *104*.
BRAVAIS, *102*.
BREMER (F.), *24*.
BRISSET (Ch.), 170.
BROWN (C.W.), *64*, 174.
BROWN (L.W.), *114*.
BRUNET (O.), *96*.
BÜHLER (Ch.), *21*, 158, 169.
BÜHLER (K.), 169.
BURNS (B.D.), *24, 27, 30*.
BURT (C.), 99, *104, 105*, 106, 107, 108, *109, 118*, 160.

CAMERON (N.), 170.
CANNON (W.B.), 20, 36, *38*, 156.
CARMICHAEL (L.), 169.
CATTELL (J.McK.), *157*.
CATTELL (R.B.), *35, 37, 45*, 77, *85*, 98, 99, *105*, 106, 107, 108, *109*, 110, 113, *114*, 117, 118, 122, 156, 160, 171.
CHARCOT (J.), 159.
CHATEAUBRIAND (R. de), 68, 70.
CHAUCHARD (P.), *24, 30, 32, 141*.
CLAPARÈDE (Ed.), *55*, 158.
COBB (S.), 131, *136*, 138, *151*.
COMREY (A.L.), *85*.
COMBS (A.N.), 71.
COMTE (A.), 5, 113, 162, *164*.
CONDILLAC (E. Bonnot de), 127, 153.
CONGER (J.J.), 169.

176 INDEX

COPI (I.M.), 9, 125.
CORNELL, 157.
COTTON (J.W.), 76.
CRAFTS (L.W.), 72.
CREED (R.S.), *129*.
CRONBACH (L.J.), *95*, 173.
CRUTCHFIELD (R.S.), 168, 172.
CUÉNOT (L.), 122.

DALBIEZ (R.), *35*, 50, *56*, *150*.
DARWIN (C.), 59, 146, 157, 160.
DASHIELL (J.F.), *34*, 168.
DAVAL (R.), 172.
DELAY (J.), 55, 167, 170, 171.
DENNIS (W.), *114*.
DESCARTES (R.), 57, 153.
DOLLARD (J.), 75, *128*, 172.
DOOB (L.W.), *48*, 172.
DUMAS (G.), 167.
DUNCAN (C.P.), 76.
DURKHEIM (E.), 162.

EBBINGHAUS (H.), 73, *140*, 156.
ECCLES (J.C.), *24*, *27*, *30*, *31*, *32*, *89*, 142.
EDWARDS (A.L.), *35*, *87*, 88, *92*.
EGAN (J.P.), 169.
EINSTEIN (A.), 113, 123.
ENGLISH (A.C.), 168.
ENGLISH (H.B.), 168.
ENGLISH (O.S.), 170.
ESQUIROL (J.), 147, 159.
EUCLIDE, 9.
EY (H.), 170.
EYSENCK (H.J.), 99, *105*, 108, *109*.

FAVERGE (J.M.), *87*.
FECHNER (G.T.), 87, 160.
FÉNELON (F. de Salignac de la Motte), 158.
FENICHEL (O.), *130*, 170.
FERGUSSON (L.W.), *85*.
FERRIER (D.), 155.
FESTINGER (L.), *64*, 172.
FISHER (R.A.), *87*.

FLUGEL (J.C.), 167.
FOLEY (J.P.), 170.
FRAISSE (P.), 168.
FRANZ (S.I.), 155.
FRÉDÉRICQ (H.), *15*, *16*.
FREEMAN (G.L.), 20, *55*.
FREEMAN (Fr. S.), *95*.
FRENCH (T.M.), 172.
FREUD (S.), 20, *35*, 50, 69, *109*, 113, 114, *116*, 117, 122, 123, 128, *130*, 134, 148, 149, 150, 154, 159, 161, 164, 167.
FRITSCH (G.), 155.
FROMM (E.), 122.
FROMM-REICHMANN (F.), 172.
FULTON (J.F.), 168.

GALTON (F.), 99, *104*, 154, 160.
GATES (A.I.), 173.
GARRETT (H.E.), *72*, 168.
GAUSS (C.F.), 92.
GESELL (A.), 96, 158, 169.
GHISELLI (E.E.), *64*, *114*, 174.
GIDE (A.), *68*, 70.
GILBERT (R.W.), *72*.
GILLESPIE (A.D.), 170.
GLOVER (E.), 172.
GOLDSTEIN (K.), 96, 155.
GOODENOUGH (F.L.), *95*, 158, 169.
GRANIT (R.), *24*.
GREENE (E.B.), *95*.
GUILFORD (J.P.), 85, 86, *105*.
GUILLAUME (P.), *66*, *72*, 169.
GULLIKSEN (H.), *95*.
GUTHRIE (E.R.), 119.

HALL (C.S.), 171.
HALL (St.), 156, *157*, 158.
HALSTEAD (W.C.), 155.
HANFMANN (E.), 96.
HARLOW (H.F.), *30*.
HARMAN (H.H.), *104*.
HARMON (F.L.), 168.
HARRIMAN (Ph. L.), 168.
HARTLEY (R.E.), 153.

HEAD (H.), 74, 142, 143, 155.
HEALY (W.), 97.
HEBB (D.O.), *24*, 28, 29, *30*, *31*, *42*, 131, 136.
HELMHOLTZ (H. von), 155.
HELSON (H.), *85*, *114*.
HENDERSON (D.K.), 170.
HENLE (P.), *9*.
HENRI (P.), 160.
HERING (E.), 155.
HERSKOVITS (M.J.), 173.
HILGARD (E.R.), *114*, 168.
HIPPOCRATE, 154.
HITZIG (E.), 155.
HOBBES (Th.), 112, 153, 162.
HOLZINGER (K.J.), *104*, *105*.
HULL (C.L.), *8*, 9, *20*, 73, 113, 119, 122, 128, *140*.
HUME (D.), 153.
HUMPHREY (G.), *55*.
HUNT (J.McV.), 171.
HYDEN (H.), *32*.

JACKSON (J. H.), 146, 147, 149, 150.
JACOBSON (L.), *54*.
JAMES (W.), *48*, 59, 157, 167, 173.
JANET (P.), 59, 61, 69, 113, 117, 122, 123, 127, 131, 132, 133, 141, 142, 147, 148, 149, 150, 154, 159, 170.
JASPERS (K.), 170.
JEFFRES (L.A.), *28*, *55*.
JENNINGS (H.S.), 44.
JONES (E.), 158.
JONES (L.L.), *104*.
JOUBERT (J.), 68.
JOUFFROY (Th.), *147*, *149*.
JUNG (C.G.), 99, 100, 108, 122, 159.

KAGAN (J.), 169.
KARDINER (A.), 46, 161, 173.
KARWOSKI (T.W.), 168.
KASANIN (J.S.), 96.

KATZ (D.), *64*, 172.
KAYSER (Ch.), 168.
KELLEY (T.L.), *105*.
KENT (G.H.), 100.
KINGET (M.), 172.
KINSEY (A.C.), 71.
KLEIN (G.S.), *114*.
KLEIN (M.), 168.
KLINEBERG (O.), 172.
KLUCKHOHN (C.), 171, 173.
KNOX (H.A.), 97.
KOCH (S.), 168.
KOFFKA (K.), 156, 167.
KÖHLER (W.), 29, 73, *140*, 156, 167.
KOUNIN (J.S.), 169.
KRECH (D.), *114*, *139*, 168, 172.
KRETSCHMER (E.), 143, 146, 161, 170, 171.
KUDER (G.F.), 95.
KULPE (O.), 156.

LACEY (O.L.), 92.
LAGACHE (D.), *114*.
LAMEERE (A.), *14*.
LANDIS (C.), 170.
LANGLEY (J.N.), 155.
LASHLEY (K.), *28*, 29, 30, *37*, *55*, 73, 82, 155.
LE BON (G.), 162.
LEURET (F.), 147.
LEVY-BRUHL (L.), 132, 172.
LEWIN (K.), 35, 50, 75, 87, 99, 113, 120, 122, 123, 126, 127, 156, 167.
LEZINE (I.), *96*.
LHERMITTE (J.), *145*.
LIEBEAULT (A.A.), 159.
LINDZEY (G.), *131*, 171, 172.
LINTON (R.), *46*, *55*, 173.
LIPPS (Th.), 155.
LOCKE (J.), 153, 158.
LOEB (M.B.), 59.
LORENTE de Nô (R.), *24*, 27.
LORENZ (K.), 40, 141.
LOTZE (H.), 155.

Louis XIV, 154.
Loutit (C.M.), 171.

Mach (E.), 113.
Magoun (H.W.), *137*.
Maier (N.R.F.), 73, 156, 169, 174.
Maine de Biran (M.F.), 147.
Malinowski (B.), 163, 173.
Marquis (D.G.), *34*, *139*, 140, 145, 168.
Marx (M.H.), *114*.
Maslow (A.H.), 170.
Masselon (R.), 147.
Masserman (J.H.), 73, 156, 170.
Mauriac (F.), 67, *68*, 69, 70.
McClelland (D.C.), 171.
McDougall (W.), *35*, 47, *59*, 61, 108, *109*, 113, 118, 122, 127, 128, 129, *130*, 136, 162, 167, 170, 172.
McGeoch (J.A.), 73.
Medioni (J.), 168.
Meili (R.), 171.
Merleau-Ponty (M.), 71.
Merrill (M.), 96.
Mesmer (F.A.), 159.
Meyerson (E.), 7, 8, 112, 113.
Michotte (A.), 61, 73.
Miles (W.R.), 98.
Mill (J.), 153.
Mill (J. Stuart), 72, 153.
Miller (E.), *128*.
Miller (N.E.), 172.
Mittelman (B.), 170.
Molière, 116.
Montaigne (M.E. de), 158.
Montpellier (G. de), *129*.
Moore (A.R.), *134*.
Moreau de Tours (J.), 147.
Morgan (C.T.), *37*, 168.
Mowrer (O.H.), 73, 172.
Muenziger (K.F.), 128, 168.
Muller (G.E.), 155.
Muller (J.), 155.
Muller (P.), *101*.
Muncie (W.), 170.

Munsterberg (H.), 157.
Murphy (G.), *116*, 167, 168, 171.
Murray (H.A.), *21*, 99, 113, 117, 122, 171, 173.
Mussen (P.H.), 169.
Myers (C.S.), *157*.

Napoléon, 154.
Naville (P.), *60*.
Needham (J.), 6.
Newcomb (T.M.), 172.

Oleron (P.), *108*.
Osgood (C.E.), *64*, 168, 169.
Osterrieth (P.A.), 169.

Parsons (T.), *114*, *117*.
Paulus (J.), *114*, *140*, 147.
Pavlov (I.), 29, *59*, 73, 127, 139, *140*, 155.
Pearson (G.H.T.), 170.
Pearson (K.), *102*, *104*, 160.
Pennington (L.A.), 171.
Penfield (W.), 155.
Perse (P.), 171.
Pestalozzi (J.H.), 158.
Piaget (J.), 122, 123, 132, 158, 168, 169.
Pichot (P.), *95*, *96*, 167, 171.
Piéron (H.), 6, 59, 168, 173.
Pinel (P.), 159.
Platon, 116, 126.
Poffenberger (A.T.), *173*.
Postman (L.), 169.
Pradines (G.), 167.
Preyer (L.), 158.
Proust (M.), 68.
Puysegur (A.M.J.), 159.
Pythagore, 9.

Rapaport (D.), *130*, 171.
Raven (J.C.), 97.
Reich (W.), 122.
Reuchlin (M.), 80, *87*, 88, *105*.
Rey (A.), 158, 171.

REYMERT (M.L.), *99, 104.*
RIBOT (Th.), 57, *157.*
RICHARDS (T.W.), 171.
RICHELLE (M.), 173.
ROBINSON (E.E.), *72.*
ROGERS (C.R.), 98, 172.
RORSCHACH (H.), 99, 100.
ROSANOFF (A.J.), 100.
ROSENZWEIG (M.R.), *139.*
ROSENZWEIG (S.), *81,* 100, *101,* 171.
ROUSSEAU (J.J.), *68,* 70, 158.
RUSSELL (B.), *56,* 113.

SCHEERER (M.), 96.
SCHELER (M.), 71.
SCHILLER (C.H.), 169.
SCHLAG (J.), *24, 137.*
SCHLOSBERG (H.), 169.
SCHMITT (F.O.), *32.*
SCHNEIDER (D.M.), 171, 173.
SCHNEIRLA (T.C.), *72,* 169.
SCHWARZ (O.), 71, 170.
SEARS (R.R.), *128.*
SEASHORE (C.E.), 95.
SEGLAS (L.), 147.
SEGUIN (A.), 97.
SHELDON (W.H.), 161, 171.
SHENTOUB (S.A.), *100.*
SHENTOUB (V.), *100.*
SHERIFF (M.), 172.
SHERRINGTON (C.S.), *21, 24, 32, 41,* 59, *89,* 129, 135, 136, 142, 155, 168.
SHILS (E.A.), *114, 117.*
SIEGEL (S.), *93.*
SIMON (Th.), *96,* 111.
SKINNER (B.F.), 36, *37, 38,* 39, 41, 73, 115, *140.*
SKINNER (C.E.), 73, 173.
SLANSKY, 143.
SLAVSON (S.R.), 172.
SNYGG (D.), 71.
SPEARMAN (C.), *104, 105,* 106, 107, *108, 110,* 113, 116, 117, 121, 160.
SPENCER (H.), 146, 153.

SPERRY (R.W.), *30, 31, 32.*
STAGNER (R.), 168.
STELLAR (E.), *38,* 168.
STENQUIST (J.L.), 95.
STEPHENS (J.M.), 173.
STERN (W.), 158, 160, 167.
STEVENS (S.S.), 169, 171.
STOETZEL (J.), 172.
STONE (C.P.), 139, 145, 169.
STRONG (E.K.), 95, 173.
STUMPF (C.), 155.
SULLY (J.), 158.
SUPER (D.E.), 173.
SUPPES (P.), *80, 84.*
SYMONDS (P.M.), 172.

TARDE (G.), 162.
TAYLOR (J.A.), *76.*
TERMAN (L.M.), 96, 98, 160.
THALES, 9.
THOMPSON (G.H.), *104,* 106, 160.
THOMPSON (W.R.), *131, 136.*
THORNDIKE (E.L.), *20,* 59, 73, *140,* 156, 157, 158, 173.
THORNDIKE (R.L.), 173.
THORPE (W.H.), 169.
THURSTONE (L.L.), 43, 44, 50, 98, 99, 105, 106, 107, 108, 117.
THURSTONE (Th.G.), 98.
TIFFIN (J.), 173.
TILQUIN (A.), 60.
TINBERGEN (N.), *38, 40, 41,* 73, 169.
TITCHENER (E.B.), 57, 59, *157.*
TOLMAN (E.C.), 57, 60, 61, 73, 75, 113, 117, *118,* 119, 120, 122, 128, 136, *140.*
TUCKER (W.B.), 171.
TYLER (L.), 169.

UEXKÜLL (J. von), 59.
UNDERWOOD (B.J.), *76, 92.*

VERNON (P.), *96,* 98, *104,* 106, 110.
VIAUD (G.), 168.
VIGOTSKY (L.S.), 96.

VITELES (M.S.), 173.

WAGNER (R.), 81.
WALDEYER (W.), 155.
WALLEN (R.W.), 171.
WALLON (H.), 66, 130, 132, 133, 158, 167, 169.
WATSON (J.B.), 36, *39*, 59, 60, 61, 67, 126, 167, 169.
WATSON (R.I.), 171.
WEBER (E.H.), 87, 155.
WECHSLER (D.), 97, 111.
WERNER (H.), 169.
WERTHEIMER (M.), 156.

WHITE (R.W.), 170, 171.
WOODGER (J.H.), *8*, 9.
WOODWORTH (R.S.), *34, 44,* 47, 98, 168, 169.
WOOLSEY (C.N.), *30*.
WRIGHT (H.F.), 169.
WUNDT (W.), 57, 154, 155, 156, 157, 160.

YAKOVLEV (P.I.), *151*.
YERKES (R.M.), 97.
YULE (G.U.), 76.

TABLE DES MATIÈRES

Chapitre I : La place de la psychologie dans l'ensemble du savoir 5

Chapitre II : Le comportement ou vie de relation 11
1. — Caractères généraux de la vie 11
2. — Différenciation des végétaux et des animaux 17
3. — Caractères généraux du comportement 21
4. — Développement de la vie de relation 51
5. — Psychologie de conscience et behaviorisme 57

Chapitre III : Les méthodes de la psychologie 63
1. — L'observation en psychologie 64
2. — L'expérimentation en psychologie 71
3. — La mesure en psychologie 80
    Les tests 89
    Le calcul des corrélations 101
    L'analyse factorielle et ses résultats 105
4. — L'explication en psychologie 112

Chapitre IV : Les niveaux du comportement 125
1. — Vues contrastées du comportement 126
2. — Les niveaux du comportement dans la phylogénie. — Les structures et les fonctions 134
3. — Les limites du parallélisme entre les structures et les fonctions 144
4. — Les niveaux du comportement en psychopathologie . . . 146

Chapitre V : Différenciation des sciences psychologiques . 153

Bibliographie 167

Index 175